動画で学ぶ

太極拳

簡化24式太極拳
完全マスター

中村 げんこう

日本文芸社

太極拳は、私にとって「心地よいもの」です。

2020年12月。
ユネスコ「世界無形文化遺産」として
太極拳が登録されました。
これは、長い年月を経て、世界中の人々の
健康法であると認められたということです。

豊かな心と身体へ導き、人々に愛されている太極拳。
それを多くのみなさまへお届けできることは、
大変幸せなことです。

私にとって初めての太極拳の本は、
「基礎から動作をわかりやすく、初心者から熟練者まで、
どの方でも楽しみながら学べる入門書を作りたい」と
長年温めてまいりました。
そして、この度、ついに形にすることとなりました。

この本を、是非、みなさまの太極拳人生で
活用していただきたいと願っております。

太極拳を通じてご縁をいただいた方。
YouTube で太極拳を楽しみにしておられる方。
そして、応援してくださっている方。
また、この本に協力をしてくださった多くの方々へ
心より感謝いたします。

これからも同志・仲間として、
生涯共に太極拳を楽しんでいきましょう。

中村げんこう

この型の動画

簡化24式太極拳
すべての動き（正面、背面）

簡化24式太極拳とは

簡化24式太極拳は「学びやすく・理解しやすく・練習しやすい太極拳」として1956年、伝統的な流派を統合、簡略化し制定されました。

健康へ導く「自然」と「ゆるみ」
自己を整える「穏やかさ」と「心地よさ」
心身のコントロールを行い、健康長寿を目的とした生涯スポーツです。

「前半最初の数動作は基礎的な動きの繰り返し。徐々にその応用に加えて、バランスや柔軟性を養う中盤の動き。後半には、少し細かで複雑な太極拳らしい動きが織り込まれていて、太極拳らしさを楽しめるのが簡化24式太極拳である」と私は思っています。

素晴らしいのは、動作が身体に浸透したら、自然に動くことができること。
基礎動作の組み合わせからなる、攬雀尾（ランチュウェイ）、穿梭（チュアンスオ）、搬攔捶（バンランチュイ）、如封似閉（ルーフォンスービー）。これらの動作は動きが多彩で変化に富んでいて太極拳独特の風格があります。

そして太極拳の特色である「内外」。心が緊張していれば身体も緊張してしまい、逆に、身体がゆるめば心がゆるむということの発見。また、形が美しく動きがなめらかであれば、心も穏やかで清らかになれる。心地よく感じて、自然に身体が動くことで、太極拳をさらに楽しむことができるのです。

もくじ

簡化24式太極拳とは ―― 4
本書の見方 ―― 7

第1章
太極拳の基本からはじめよう

01 手の形【手型】 ―― 10
02 脚の形【歩型】 ―― 12
03 姿勢 ―― 14
04 ゆるみ ―― 16
05 呼吸 ―― 17
06 脚の位置 ―― 18
07 歩き方【歩法】
01 前へ歩く
上歩（シャンブー） ―― 20
02 後ろへ下がる
退歩（トゥイブー） ―― 24
03 半歩引き寄せる
跟歩（ゲンブー） ―― 26
04 横に歩く
側行歩（ツォーシンブー） ―― 28
05 上から踏む
擺歩（バイブー） ―― 30
06 90°方向転換
転身90°（ヂュワンシェン90°） ―― 32
07 180°方向転換
転身180°（ヂュワンシェン180°） ―― 34
08 つま先を外に開く
擺脚（バイジャオ） ―― 38
09 つま先を内に入れる
扣脚（コウジャオ） ―― 39

第2章
簡化24式太極拳 完全マスター

01 起勢 チーシー ―― 42
02 野馬分鬃 イエマーフェンゾン ―― 44
03 白鶴亮翅 バイフーリャンチ ―― 52
04 楼膝拗歩 ロウシアオブー ―― 56
05 手揮琵琶 ショウフイピーパー ―― 64
06 倒巻肱 ダオジュエンゴン ―― 68
07 左攬雀尾 ヅオランチュウェイ ―― 78
08 右攬雀尾 ヨウランチュウェイ ―― 84
09 単鞭 ダンビエン ―― 92
10 雲手 ユンショウ ―― 98
11 単鞭 ダンビエン ―― 106
12 高探馬 ガオタンマ ―― 110
13 右蹬脚 ヨウドンジャオ ―― 114
14 双峰貫耳 シュアンフォングワンアル ―― 120
15 左蹬脚 ヅオドンジャオ ―― 124
16 左下勢独立 ヅオシャーシードゥーリー ―― 128
17 右下勢独立 ヨウシャーシードゥーリー ―― 134
18 穿梭 チュアンスオ ―― 140
19 海底針 ハイディヂェン ―― 146
20 閃通臂 シャントンビー ―― 152
21 搬攔捶 バンランチュイ ―― 156
22 如封似閉 ルーフォンスービー ―― 162
23 十字手 シーヅーショウ ―― 168
24 収勢 ショウシー ―― 174

本書の見方

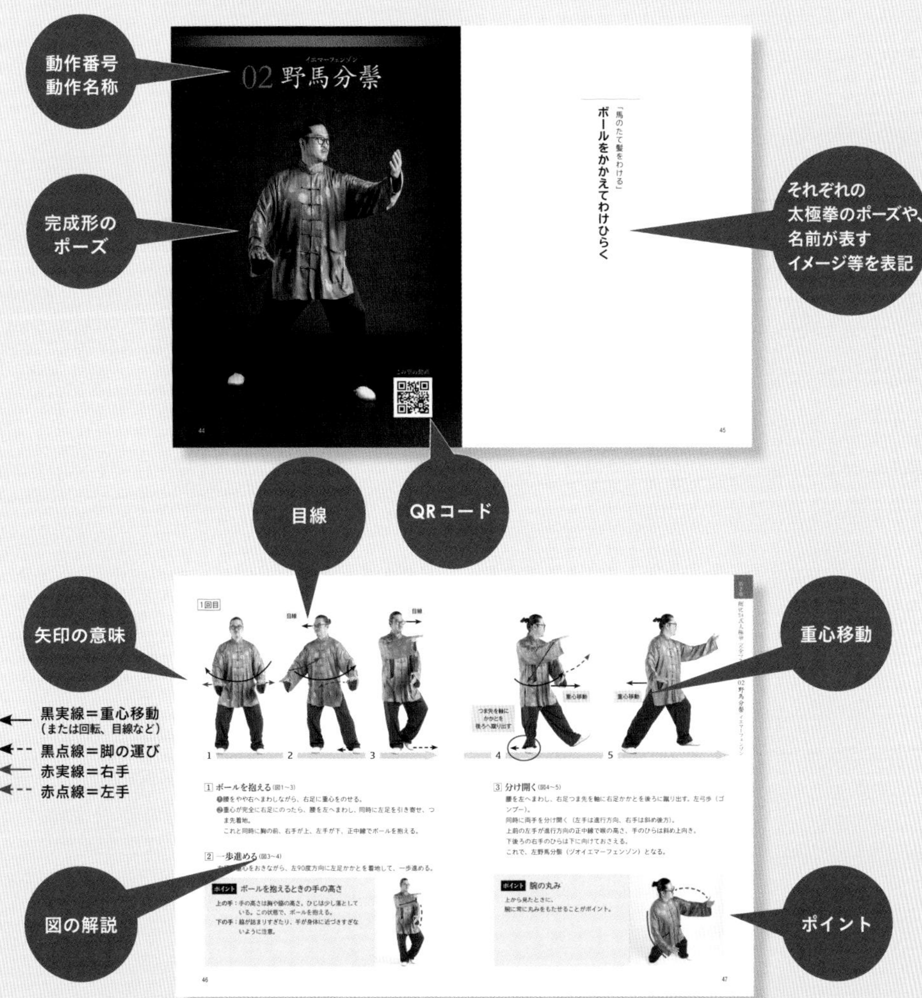

QRコードの使い方

スマートフォンや携帯電話、タブレットにQRコードを読み取る機能やアプリがあれば、カメラのレンズをQRコードにかざすだけで、動画を見ることができます。

アプリがインストールされていない場合

「Apple Store」か「Google Play」のサイトで、「QRコード」と入力すれば、無料のアプリが紹介されているので、インストールしてください。

※アプリをダウンロードする際には、通信料がかかります。
※ご使用の機器やインターネットの環境によって、ダウンロードや再生ができないことがあります。

第1章

太極拳の基本からはじめよう

01 手の形【手型】

01 掌(しょう)

起勢、野馬分鬃、白鶴亮翅、楼膝拗歩、手揮琵琶、倒巻肱、攬雀尾、単鞭、雲手、高探馬、蹬脚、下勢独立、穿梭など

指先から手のひら全体をボールに軽く手を添えたように丸くする。5本の指は密着せず、各指は離して自然に揃える。
指の各関節をゆるめ、手のひらのシワは突っぱらず、柔らかく、ふっくらとするが、太極拳の手の形を維持する意識をもつ。
動作によって、力点として意識する部位が、手のひらの小指側、手のひら全体、手のひらの親指側、指の先端、手の甲など異なる。

指や手が硬直して開いてしまったり、指を密着させないように注意。

02 拳（こぶし） 双峰貫耳、搬攔捶

4本の指はしっかりと握り、親指は外側から曲げて人差指と中指の中節骨（第2関節と第3関節の間）に添える。
拳は平らにし、強く握りすぎたり、弱く握りすぎない。

拳が平らにならないような握り方をしない。親指は４本の指の中に握り込まない。

03 鉤手（こうしゅ） 単鞭

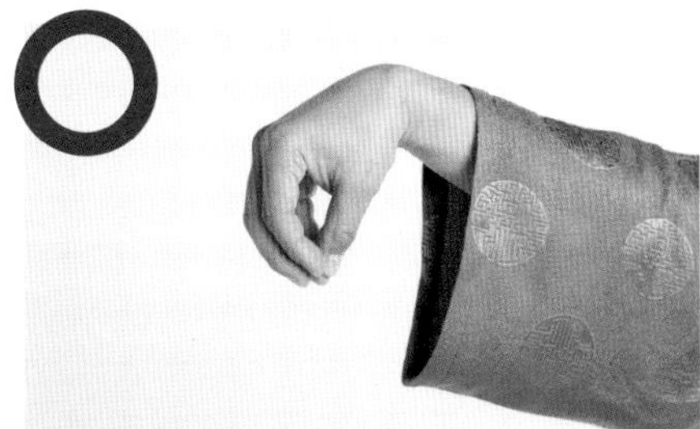

手首を充分に曲げ、5本指を自然に伸ばし、指先で軽くつまむように揃える。

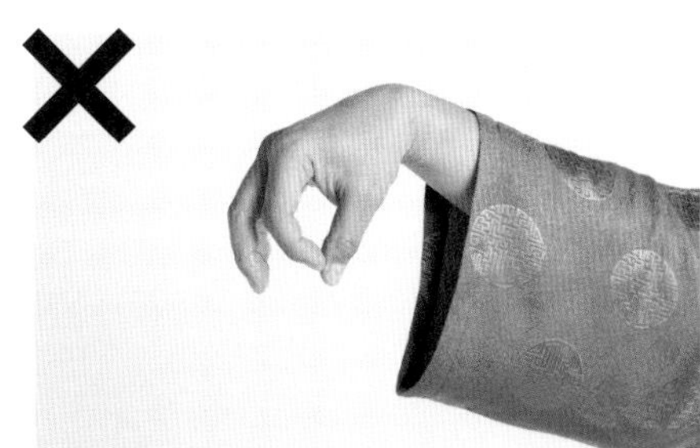

5本指でつままれていなかったり、指が離れてしまわないように注意する。

02 脚の形【歩型】

01 弓歩（ゴンブー）

野馬分鬃、楼膝拗歩、攬雀尾、単鞭、双峰貫耳、穿梭、閃通臂、搬攔捶、如封似閉

横面

正面

両脚の横幅は、骨盤の幅ほどに開く。
前に出る脚はつま先を進行方向に向けてひざを曲げ、ひざ下を垂直に保ち身体を支える。
後ろの脚はつま先を斜め方向（45～60度）外側に開き、足裏で地面をおしながらひざが突っ張らないように伸ばす意識をもつ（後脚のひざは完全に伸ばしきらない）。

※重心が前脚にのりすぎず、完成した形のときは後脚で地面をしっかりおし、ひざを伸ばそうとする力を維持する。
※前後に開く脚の幅は、歩幅が広すぎると腰は低くなり、歩幅が狭すぎると腰は高くなる。

02 虚歩（シューブー）

白鶴亮翅、手揮琵琶、倒巻肱、高探馬、海底針

横面

正面

後脚のつま先を斜め45度外側に開き、足裏は全体で支え、重心はかかとにおき、ひざを曲げてしゃがむ。
前脚はひざをゆるめてわずかに曲げ、つま先を正面に向けて足先（足指、母指球）を軽く着地させる。
動作によっては、前脚はかかとを軽く着地させて、足裏はわずかに地面より浮かす。

※前後の足の横幅は重ならず、自然に開く。
※前後に開く脚の幅は、歩幅が広すぎると腰は低くなり、歩幅が狭すぎると腰は高くなる。
※前脚のひざは伸ばしきらない。
※後脚で全体重を支えるので、ひざを曲げすぎたり、腰を低くしすぎたりしないように注意する。

03 仆歩（プーブー） 下勢独立

正面

横面

片方の脚はつま先とひざを斜め外側に向けて、ひざを曲げてしゃがむ。
もう一方の脚は、つま先を内側に向けて、ひざを自然に伸ばし、足裏をしっかり地面に着地させる。
※両足の位置は、ひざを曲げてしゃがむ脚のかかとと、ひざを自然に伸ばしている脚のつま先が一直線上にある。
※腰の高さは柔軟性と脚力に合わせて、しゃがみすぎないように注意する。

04 馬歩（マーブー） 起勢、十字手

正面

横面

両足の幅は、骨盤の幅ほどに開く。
つま先は正面に向けて足裏はしっかりと地面につけ、重心はかかとにおく。
※ひざを曲げてしゃがんだとき、つま先より前にひざは出ない。
※腰を緊張させて前傾したり、反り腰にならないように注意する。

05 独立歩（ドゥーリーブー） 下勢独立

横面

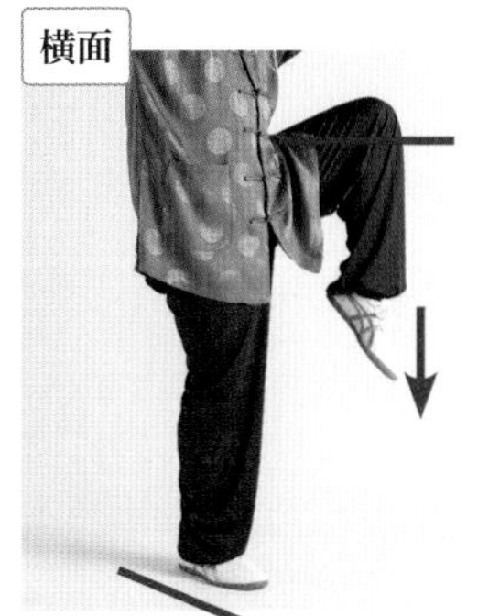

正面

軸脚はつま先をやや外側に開いて、ひざを自然に伸ばして安定して立つ。
もう一方の脚はひざを曲げて、身体の前方の腰～胸の高さに引き上げ、ひざ下は自然に下ろし、つま先を下に向ける。
持ち上げた足は、軸脚のひざあたりの前に位置する。
※バランスを保つ注意をする。
※引き上げる脚の太ももが腰の高さより低くならないようにする。

03 姿勢

01 胸を張らず、背中をゆるめる　含胸抜背（がんきょうばつばい）

胸を張らず、背中や腰をゆるめて、自然な姿勢を保つ。
※反り腰にしない。反り腰になると、全身が緊張しやすく、腰痛の原因になることもあるので、注意する。
※重心をかかと側におくことで保ちやすくなる。

02 身体を中心に位置し、軸を保つ　立身中正（りっしんちゅうせい）

身体や重心を常に中心に位置し、軸を保つ。
頭を立てて、腰をゆるめることにより、頭は天に引き上げられ、腰は地面に引き下げられる。
※重心を安定し、上半身をゆるめることによってこの姿勢が保ちやすくなる。
※前傾・後傾・横斜（横に傾く）しないように注意する。

04 ゆるみ

ちん けん つい ちゅう
沈肩墜肘

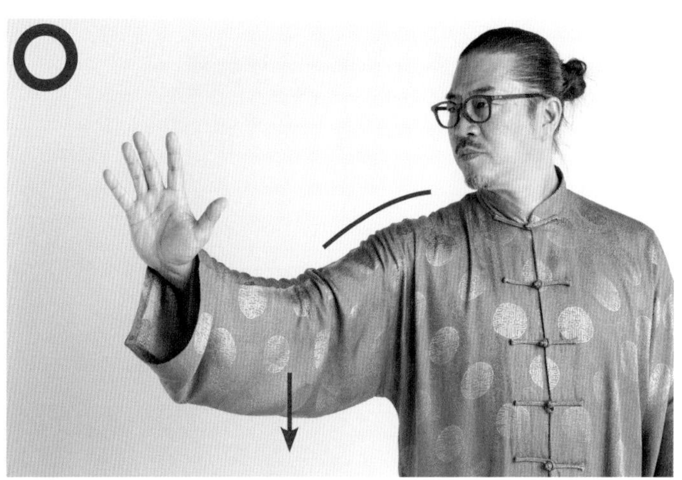

肩をゆるめると、ひじが下に向かってゆるんで自然に曲がる。ひじをゆるめて自然に曲がれば、肩もゆるんで沈む。
頭を立て、首・肩・背をゆるめる。太極拳のすべての動作はひじが下へ向かうことによってゆるんだ動作となる。

05 呼吸

自然呼吸（一部の動作のみ呼吸を意識）

太極拳の呼吸は、基本的には自然呼吸となる。動作によって呼吸を意識するところはほぼないが、簡化24式太極拳の中で特に呼吸の吸うと吐くの意識をするのは、始まりと終わりの次の動作となる。
1動作目の起勢（チーシー）の腕を持ち上げるときに吸い、下におさえるときに吐く。
24動作目の収勢（ショウシー）の重ねている両手を開くときに吸い、両手で下におさえるときに吐く。
他の動作については、特に呼吸を意識することなく、自然呼吸で行う。

1 2 3

1 2 3

06 脚の位置

1 前後の足は重ならない

太極拳の立ち方の基本は、手の動作によって、若干、左右の足の幅は変わることはあるが、骨盤の幅ほどに立つこと。
進行方向に向かって、前後の足が一直線上に並んでしまうと、不安定となる。
※特に、方向を変えるときに歩を進める場合、前後の足が一直線にならないよう意識する。

2 前脚のひざはつま先を越えない

弓歩（ゴンブー）の最終形のとき、ひざがつま先を越えないように注意する。
弓歩は後脚で地面を踏んで（おして）完成する脚の形（歩型）なので、前脚に重心がかかりすぎる形（ひざがつま先を越える形）にはならない。
※この形はひざを痛める原因となるので、特に注意する。

3 軸脚のつま先とひざは同じ方向へ向く

重心移動（特に後脚に重心をのせるとき）には、軸脚となる後脚のひざとつま先は必ず同じ方向に向ける。
ひざが内側に入ってしまうと、ひざを痛める原因となるので、特に注意する。

07 歩き方【歩法】

01 前へ歩く 上歩(シャンブー)

野馬分鬃、楼膝拗歩、穿梭

1 2

1 準備姿勢(図1)

太極拳の「前へ歩く」は、弓歩（ゴンブー）の左右の移り変わりからなる。左弓歩を準備の姿勢とする。上半身はゆるめて頭を立て、腰を緊張させたり、上体を前後左右に傾けたりしない。両手は組んで仙骨あたりにおいて、腰の方向と腰の緊張を確認し、臀部が突き出ないようにする。

2 後脚に重心移動する(図1～2)

❶腰の高さを一定に保ちながら後脚（右脚）に重心移動する。

❷完全に後脚に重心がのったら、腰・背中・前脚（左脚）をゆるめて、後脚（右脚）のかかとの上に座るイメージをもつ。
上体は前傾・後傾せず、頭を立てる。前脚（左脚）のかかとは地面に接地しているが、足裏は自然に浮き上がる。このとき、意識的に前脚のつま先を起こしたり、足首を緊張させたりしない。

3　4

3 方向を変える（図2～3）

後脚（右脚）を軸として、腰の高さを一定に保ちながら、目線と腰、前脚（左脚）のつま先を斜め左方向（外側）へ変える。腰をまわし、方向を変えるとき、軸脚（右脚）のひざが内側に入らないよう、つま先とひざが同じ方向を向くようにする。前脚（左脚）のつま先の方向は腰の回転によって変化する。足首やつま先の方向を意図的に変えないようにする。

4 前脚に重心移動する（図3～4）

腰の高さを一定に保ちつつ、前脚（左脚）へ重心移動する。目線と腰は斜め左方向に向ける。重心を左脚にのせるとき、後脚（右脚）のかかとは自然に地面から離れる。

5 6

5 後脚を引き寄せる(図4〜5)

前脚（左脚）でしっかり地面を踏み、腰の高さを一定に保ちながら、後脚（右脚）を引き寄せる。後脚（右脚）はゆるめた状態で地面から浮かす。このとき、つま先で地面を引きずらないように注意する。上体は前傾しないように立ててゆるめる。

6 一歩進める(図5〜6)

引き寄せた脚（右脚）を進行方向に向かって一歩進める。かかとから柔らかく音がしないように腰の高さを一定に保つことができる歩幅に一歩進め、着地する。歩幅が広すぎると腰は低くなり、歩幅が狭すぎると腰は高くなる。足の横幅は、骨盤の幅ほどに開く。両足が一直線上に並ぶほど狭すぎたり、骨盤より広すぎたりしない。ここで後脚と前脚が入れ替わり、重心がのっている左脚が後脚となり、一歩進めた右脚が前脚となる。目線は進行方向に向ける。

7

7 前に歩く(図6~7)

後脚（左脚）で地面をおしながら、腰を右へまわし、右弓歩になるときに腰は進行方向に向ける。
これで前に歩く一歩の完成となる。最終形では上体は自然に立て、胸を張らず、腰・股関節をゆるめる。後脚（左脚）で地面をおしているが、前脚（右脚）に重心がのりすぎないように、前脚のひざ下は垂直を保つ。

07 歩き方【歩法】 この動作は右の画像からはじまります。

02 後ろへ下がる 退歩(トゥイブー) 倒巻肱

4 ← 3

4 後ろに一歩下がる(図3～4)

後脚（左脚）をゆるめ、前脚（右脚）で地面をおし、腰を左へまわしながら重心移動する。
後脚（左脚）に重心がのりつつあるとき、前脚（右脚）のかかとをやや持ち上げて、腰の回転に連動してつま先を軸にかかとを外にまわして、つま先を進行方向に向ける。
後脚（左脚）に完全に重心がのり、前脚のつま先が進行方向に向いたら左虚歩（シューブー）となる。
これで、後ろへ一歩下がる完成となる。腰・股関節はゆるめ、目線は進行方向。

3 脚を後ろに着地する(図2～3)

引き寄せた脚をやや斜め後方につま先、かかとの順に着地する。
後ろに足を着地するとき、歩幅が広すぎると腰は低くなり、歩幅が狭すぎると腰は高くなる。
腰の高さは起伏せず一定に保つ。

2　1

1 準備姿勢(図1)

太極拳の「後ろへ下がる」は、虚歩（シューブー）の左右の移り変わりからなる。
上半身はゆるめて頭を立て、腰を緊張させたり、上体を前後左右に傾けたりしない。
両手は組んで下丹田あたりにおいて、腰の方向と上半身が緊張しないように確認する。

2 前脚を引き寄せる(図1～2)

腰をやや左にまわしながら前脚（左脚）をゆるめた状態で軸脚（右脚）に引き寄せる。
前脚（左脚）を持ち上げるとき、腰の高さは起伏せず一定に保つ。

07 歩き方【歩法】

03 半歩引き寄せる 跟歩(ゲンブー)

白鶴亮翅、手揮琵琶、高探馬、海底針

1 → 2

1 準備姿勢(図1)

簡化24式太極拳の「半歩引き寄せる」は、弓歩（ゴンブー）からの移り変わりからなる。
左弓歩を準備の姿勢とする。
上半身はゆるめて頭を立て、腰を緊張させたり、上体を前後左右に傾けたりしない。
両手は組んで下丹田あたりにおいて、腰の方向と上半身が緊張しないように確認する。

2 後脚を半歩引き寄せる（図1～2）

❶前脚（左脚）の股関節をゆるめて、腰を左にまわしながら前脚に重心をのせる。
❷後脚（右脚）のかかとから持ち上げて、半歩引き寄せてつま先から着地する。
頭を立て、前傾したり上半身が緊張しないようにする。腰の高さを一定に保つ。

3　4　5

3 後脚に重心をのせる(図2～3)

腰を右にまわしながら後脚（右脚）のかかとをやや内側に着地し、前脚で地面をおしながら後脚に重心移動する。

4 脚を引き寄せる(図3～4)

❶後脚（右脚）に完全に重心がのったら、前脚（左脚）をやや持ち上げて引き寄せる。
❷腰の高さを一定に保つ。

5 後脚を半歩引き寄せる(図4～5)

引き寄せた脚（つま先またはかかと）を進行方向（前）に着地して、虚歩（シューブー）となる。これで、半歩引き寄せの完成となる。前足（左足）に重心はのせず、後足（右足）のかかとに重心がのり、腰・股関節をゆるめる。

07 歩き方【歩法】

04 横に歩く 側行歩(ツォーシンブー) 雲手

1 2

1 準備姿勢(図1)

右脚のかかとに重心をのせ、腰を右へまわし、左脚をゆるめてかかとをやや持ち上げている状態を準備の姿勢とする。
腰をゆるめて頭を立て、右脚のひざはつま先より前に出ないように注意する。

2 横に一歩進める(図1～2)

左脚を持ち上げ、横につま先、かかとの順で着地する。
このとき腰の高さを一定に保つ。
歩幅が広すぎると腰は低くなり、歩幅が狭すぎると腰は高くなる。

3　4　5

3 重心移動する(図2～3)

右脚で地面をおしながら左脚へ重心移動し、腰を左へまわす。
重心は右脚のかかとから左脚のかかとへ移動し、腰の高さを一定に保つ。

4 脚を引き寄せる(図3～4)

左脚で地面を踏みながら右脚をかかとから持ち上げて引き寄せ、左脚と平行に拳一つ分ぐらいの幅でつま先・かかとの順で着地する。
重心は左脚のかかとにおき、腰の高さを一定に保つ。

5 横に歩く(図4～5)

腰をゆるめて右にまわし、右足かかとに重心をのせる。これで、横に歩くの完成となる。
常にかかとからかかとへ重心移動し、頭を立て、腰・股関節をゆるめ、両ひざはつま先を越えないように注意する。

07 歩き方【歩法】

05 上から踏む 擺歩(バイブー) 搬攔捶

1 2

1 準備姿勢(図1)

左脚重心、右脚が前の虚歩（シューブー）を準備姿勢とする。

2 ひざを内側からまわし持ち上げる(図1～2)

腰をやや右へまわしながら、ひざを内側から腰の高さまで持ち上げる。

3 → 4

3 つま先を起こす(図3)

持ち上げた脚を外へまわしながら、つま先を起こして外側に向ける。

4 上から踏み下ろす(図3〜4)

持ち上げた脚で上から踏み下ろす。これで完成となる。

07 歩き方【歩法】

06 90°方向転換 転身90°（デュワンシェン90°）

起勢ー野馬分鬃
雲手ー単鞭、左右穿梭

1 2

1 準備姿勢（図1）

右足かかとに重心をのせ、腰・股関節をゆるめて準備姿勢とする。
左足かかとを持ち上げ、つま先は地面にふれる。

2 90度方向に脚を出す（図1～2）

腰を左へまわし、目線を90度左方向へ向け、左脚を90度左方向へ一歩進め、かかとから着地する。
左足かかとの着地は右足かかとよりも左側に着地し、左90度方向に向けて両足が重ならないように注意する。
このとき、軸脚（右脚）のひざはつま先と同じ方向に向く。
左脚を一歩進めたとき、歩幅が広すぎると腰は低くなり、歩幅が狭すぎると腰は高くなる。
腰が起伏しないように高さを一定に保つ。

3 90度方向転換(図3〜4)

右足つま先を軸にし、かかとを蹴り出しながら腰を左へまわす。
後足（右足）つま先は斜め45度方向に向く。
左弓歩（ゴンブー）となり、これで、90度方向転換の完成となる。

07 歩き方【歩法】

07 180°方向転換　転身180°（デュワンシェン180°）

左右攬雀尾、攬雀尾ー単鞭、双峰貫耳ー左蹬脚
閃通臂ー搬攔捶

1

2

1 準備姿勢（図1）

簡化24式太極拳の「180度方向転換」は、弓歩（ゴンブー）からの移り変わりからなる。右弓歩を準備の姿勢とする。上半身はゆるめて頭を立て、腰を緊張させたり、上体を前後左右に傾けたりしない。両手は組んで仙骨あたりにおいて、腰の方向と腰の緊張を確認し、臀部が突き出ないようにする。

2 後脚に重心移動する（図1～2）

❶腰の高さを一定に保ちながら後脚（左脚）に重心移動する。

❷完全に後脚（左脚）に重心がのったら、腰・股関節・背中・前脚（右脚）をゆるめて、後足（左足）かかとの上に座わる。上体は前傾・後傾せず、頭を立てる。前足（右足）かかとは地面に接地しているが、足裏は自然に浮き上がる。このとき、意図的に前足（右足）つま先を起こさない。

3　4

[3] 振り返る(図2〜3)

左足かかとを軸に腰を左へまわす。
腰の回転に連動して右脚は内旋し、右足つま先は内側に向く。右足つま先は意図的に内側に向けない。
このとき、目線は斜め左後方に向く。左脚のひざは左足つま先と同じ方向に向く。

[4] 重心移動(図3〜4)

左足で地面をおし、右足かかとへ重心移動する。
腰の高さを一定に保ち、腰・股関節をゆるめる。

07　180°方向転換　転身180°（チュワンシェン180°）

5

6

5 脚を引き寄せる（図4～5）

右足かかとに重心がのったら腰を左へまわし、腰の回転に連動して左脚は外旋しながら、かかと・つま先の順で持ち上げ引き寄せる。このとき、目線は準備姿勢より180度後方に向いている。

6 一歩進める（図5～6）

左足かかとを右足かかとよりも左側へ着地する。重心は右足かかとにのせ、右脚のひざはつま先と同じ方向に向く。

7

7 180度方向転換(図6〜7)

右足つま先を軸にし、かかとを蹴り出しながら腰を左へまわす。
後足（右足）つま先は斜め45度方向に向く。
左弓歩（ゴンブー）となり、これで180度方向転換の完成となる。

07 歩き方【歩法】

08 つま先を外に開く　擺脚(バイジャオ)

野馬分鬃、楼膝拗歩
下勢独立、搬攔捶、十字手

腰の回転に連動して脚を外旋させ、かかとを軸につま先が外に開くことを擺脚（バイジャオ）という。

1　2

1　2

07 歩き方【歩法】

09 つま先を内に入れる 扣脚（コウジャオ）

左右攬雀尾、攬雀尾ー単鞭
双峰貫耳ー左蹬脚、下勢独立
閃通臂ー搬攔捶、如封似閉ー十字手

腰の回転に連動して脚を内旋させ、かかとを軸につま先が内に向くことを扣脚（コウジャオ）という。

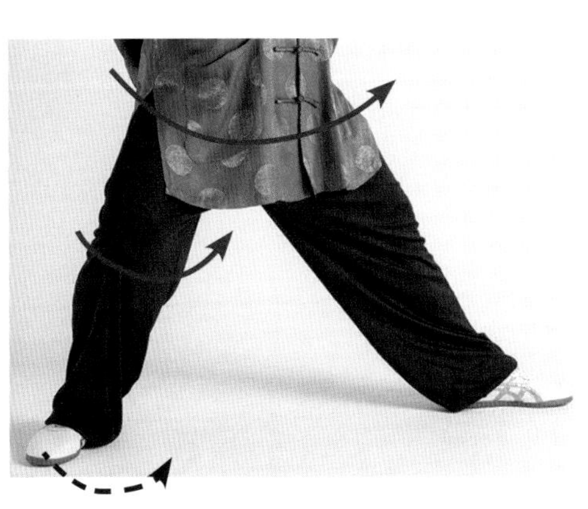

1 2

1 2 3

第2章

簡化24式太極拳　完全マスター

01 起勢（チーシー）

この型の動画

1 準備姿勢 (図1)

重心はかかとにのせ、両手は自然に下ろし、胸を張らずリラックスした姿勢で立つ。

2 足を開く (図1〜2)

右足に重心移動し、左足をかかとから持ち上げ、肩幅につま先・かかとの順に着地。

重心はかかとにおき、全身をゆるめる。

3 手を持ち上げる (図2〜3)

両足で地面を踏むイメージで、息を吸いながら両手の甲で前におし出すように肩の高さまで持ち上げる。

4 下におさえしゃがむ (図3〜4)

両手が肩の高さに持ち上がる手前から、肩・ひじ・手首の順でゆるめる。

腕全体で股関節の高さまで下におさえながら腰を落とす。

02 野馬分鬃

イエマーフェンゾン

この型の動画

ボールをかかえてわけひらく

「馬のたて髪をわける」

1回目

1 ボールを抱える（図1～3）

❶腰をやや右へまわしながら、右足に重心をのせる。

❷重心が完全に右足にのったら、腰を左へまわし、同時に左足を引き寄せ、つま先着地。

これと同時に胸の前、右手が上、左手が下、正中線でボールを抱える。

2 一歩進める（図3～4）

右足に重心をおきながら、左90度方向に左足かかとを着地して、一歩進める。

ポイント ボールを抱えるときの手の高さ

上の手： 手の高さは胸や脇の高さ。ひじは少し落としている。この状態で、ボールを抱える。

下の手： 脇が詰まりすぎたり、手が身体に近づきすぎないように注意。

3 分け開く（図4〜5）

腰を左へまわし、右足つま先を軸に右足かかとを後ろに蹴り出す。左弓歩（ゴンブー）。
同時に両手を分け開く（左手は進行方向、右手は斜め後方）。
上前の左手が進行方向の正中線で喉の高さ、手のひらは斜め上向き。
下後ろの右手のひらは下に向けておさえる。
これで、左野馬分鬃（ヅオイエマーフェンゾン）となる。

ポイント 腕の丸み

上から見たときに、
腕に常に丸みをもたせることがポイント。

2回目

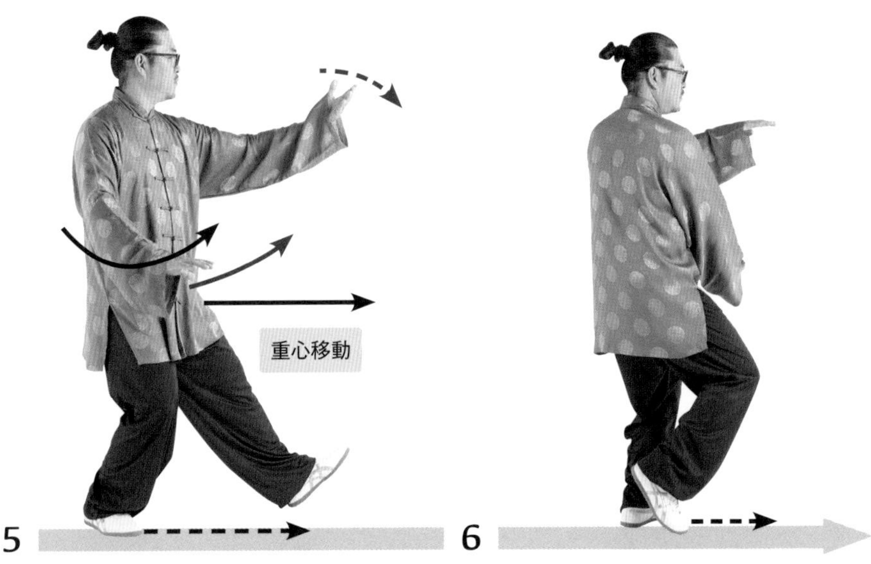

4 **重心移動**（図5〜6）

後脚（右脚）に重心移動。同時に両腕をゆるめる。
頭を立て、腰・股関節をゆるめる。

5 **ボールを抱える**（図6〜7）

腰を左へまわしながら、胸前正中線でボールを抱える（左手が上、右手が下）。
右足かかと、つま先の順で持ち上げ引き寄せる。

6 一歩進める（図7〜8）

左足に重心をおきながら、右足かかとから着地して一歩進める。

7 分け開く（図8〜9）

腰を右へまわし、右弓歩（ゴンブー）。
同時に両手を分け開く（右手は進行方向、左手は斜め後方）。
上前の右手が進行方向の正中線で喉の高さ、手のひらは斜め上向き。
下後ろの左手のひらは下に向けておさえる。
これで、右野馬分鬃（ヨウイエマーフェンゾン）となる。

3回目

8 重心移動(図9～10)

後脚(左脚)に重心移動。同時に両腕をゆるめる。
頭を立て、腰・股関節をゆるめる。

9 ボールを抱える(図10～11)

腰を右へまわしながら、胸前正中線でボールを抱える(左手が下、右手が上)。
左足かかと、つま先の順で持ち上げ引き寄せる。

10 一歩進める（図11～12）

右足に重心をおきながら、左足かかとから着地して一歩進める。

11 分け開く（図11～12）

腰を左へまわし、左弓歩（ゴンブー）。
同時に両手を分け開く（左手は進行方向、右手は斜め後方）。
上前の左手が進行方向の正中線で喉の高さ、手のひらは斜め上向き。
下後ろの右手のひらは下に向けておさえる。
これで、左野馬分鬃（ヅオイエマーフェンゾン）となる。

03 白鶴亮翅（バイフーリャンチ）

この型の動画

半歩引き寄せ丸くひらく

「白鶴が羽根をひろげる」

1 ボールを抱えて半歩引き寄せる (図1〜2)

腰をやや左へまわしながら、斜め左前方向、胸前正中線でボールを抱える（左手が上、右手が下）。
同時に右足を半歩引き寄せ、つま先着地。

2 胸前で両手を合わせる (図2〜3)

腰を右へまわしながら後脚（右脚）に重心移動し、右足かかとに重心をのせる。右手で下からボールをつぶすように胸の高さまで持ち上げ、右手首の内側に左手の小指側を合わせる（正中線で合わせる）。

3 両手を上下に分ける (図3〜4)

右手は親指側を上に持ち上げ、左手は手のひらで下におさえ、両手を上下に分ける。同時に、前脚（左脚）を持ち上げて引き寄せる。

4 両手を左右に開く（図4～5）

腰を左へまわしながら目線と腰は正面。
前脚（左脚）は進行方向につま先着地（足首とひざをゆるめる）。
左虚歩（シューブー）となる。
右手は手の甲側で外側に丸く張り出し、手のひらは額の斜め右上。
左手は小指側で外側に張り出し、左股関節の斜め前。これで、白鶴亮翅（バイフーリャンチ）となる。
頭を立て、腰・股関節をゆるめ、重心は右足かかと。前足（左足）に重心がかからないように注意する。

ポイント 両手を合わせたときの腕の丸み

両手を正中線で合わせるとき、外側にふくらませるように両腕に丸みをもたせる。
右手の甲で外側に張り出し、左手の小指側で右手の内側を支える。

04 摟膝拗歩（ロウシアオブー）

この型の動画

「ひざ前をはらっておす」

進みながら手のひらでおす

1 腕を下ろす（図1〜2）

腰をやや左へまわしながら、右手のひらは内側に向き、小指側から胸の高さまで下ろす（正中線）。このとき、右腕は胸の前に丸い空間を保つ。

2 胸前をはらう（図2〜3）

腰を右へまわしながら、左手で胸前をはらう。同時に、右手のひらを上に向け、右股関節に引き寄せる。目線は正面。

3 前脚を引き寄せる（図3〜4）

腰を右へまわしながら、右手は股関節から肩の高さに持ち上げる。左手のひらを下に向けながら胸の高さ。同時に前脚（左脚）を引き寄せる。目線は右手指先。

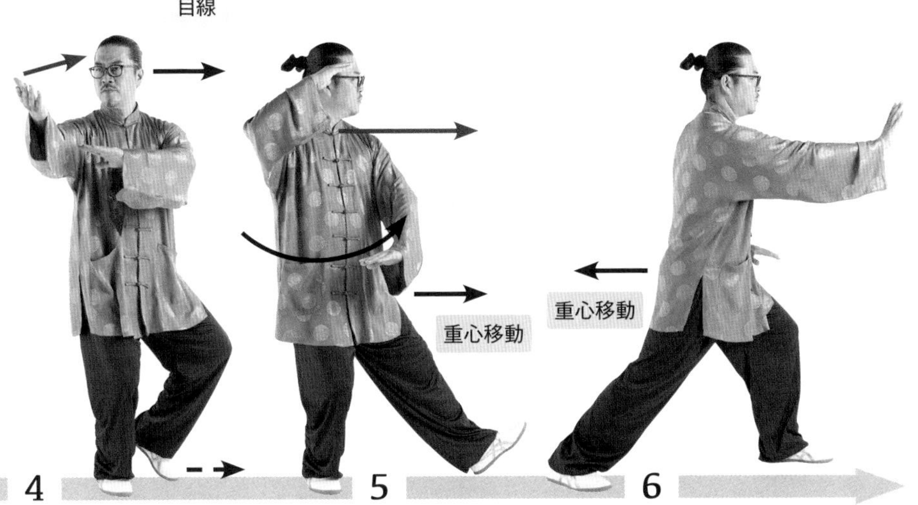

4 一歩進めて構える（図4〜5）

腰をやや左へまわしながら、右ひじを曲げ、指先は耳横に構える。左手のひらで下におさえる。同時に目線は進行方向を見ながら、左足かかとを着地して一歩進める。

5 はらいながらおす（図5〜6）

腰を左へまわしながら、左弓歩（ゴンブー）。同時に、左手でひざ前をはらい、右手のひらで進行方向におし出す。
左手は左ひざの横、右手は肩の前。これで左楼膝拗歩（ヅオロウシアオブー）となる。

6 後ろに重心移動（図6〜7）

後脚（右脚）に重心移動。同時に両手首をゆるめる。
頭を立て、腰・股関節をゆるめる。

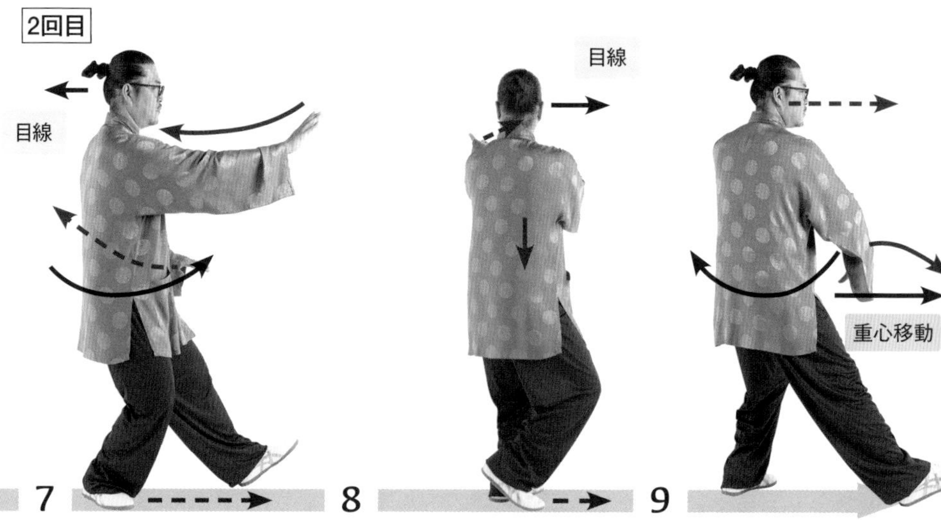

7 胸前をはらって後脚を引き寄せる（図7〜8）

❶腰を左へまわしながら、右手のひらを左側に向け、胸前をはらう。

❷前脚（左脚）に重心移動し、後脚（右脚）を引き寄せる。

同時に、右手のひらは胸の高さで下に向け、左手のひらを上に向けながら股関節から肩の高さに持ち上げる。目線は左手指先。

8 一歩進めて構える（図8〜9）

腰をやや右へまわしながら、左ひじを曲げ、指先は耳横に構える。

右手のひらで下におさえる。

同時に目線は進行方向を見ながら、右足かかとを着地して一歩進める。

9 はらいながらおす（図9〜10）

腰を右へまわしながら、右弓歩（ゴンブー）。

同時に、右手でひざ前をはらい、左手のひらで進行方向におし出す。

右手は右ひざの横、左手は肩の前。これで右楼膝拗歩（ヨウロウシアオブー）となる。

10 後ろに重心移動（図10～11）

後脚（左脚）に重心移動。同時に両手首をゆるめる。
頭を立て、腰・股関節をゆるめる。

11 胸前をはらって後脚を引き寄せる（図11～12）

❶腰を右へまわしながら、左手のひらを右側に向け、胸前をはらう。
❷前脚（右脚）に重心移動し、後脚（左脚）を引き寄せる。
同時に、左手のひらは胸の高さで下に向け、右手のひらを上に向けながら股関節から肩の高さに持ち上げる。目線は右手指先。

12 一歩進めて構える（図12～13）

腰をやや左へまわしながら、右ひじを曲げ、指先は耳横に構える。
左手のひらで下におさえる。
同時に目線は進行方向を見ながら、左足かかとを着地して一歩進める。

14

⑬ **はらいながらおす**（図13～14）

腰を左へまわしながら、左弓歩（ゴンブー）。
同時に、左手でひざ前をはらい、右手のひらで進行方向におし出す。
左手は左ひざの横、右手は肩の前。これで左楼膝拗歩（ヅオロウシアオブー）となる。

05 手揮琵琶（ショウフイピーパー）

この型の動画

「琵琶を奏でる」

半歩引き寄せ胸前ではさむ

1 半歩引き寄せる（図1～2）

腰を左へまわしながら、後脚（右脚）を半歩引き寄せる（つま先着地）。両腕・両手首はゆるめる。頭を立て、腰の高さを一定に保つ（前傾しないように注意）。

2 腕を丸く張り出す（図2～3）

腰を右へまわしながら、後足（右足）かかとを着地、後足に重心移動。両腕は外側に丸く張り出し、胸の高さまで持ち上げる。腰の高さを一定に保つ。

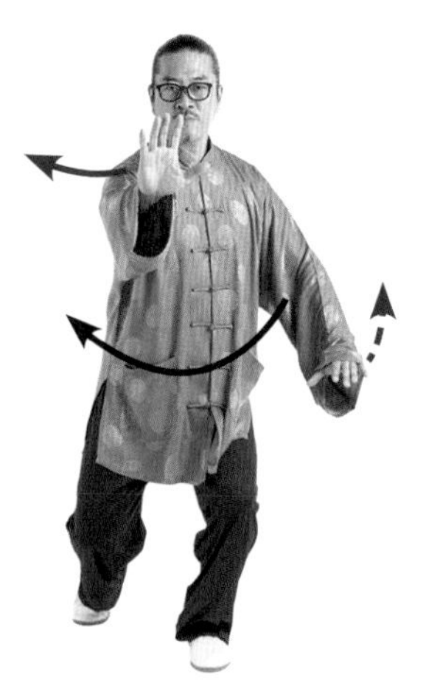

3 腕を合わせる (図3〜4)

腰を左へまわしながら、両腕は胸前で合わせる（左手が奥、右手が手前）。同時に左脚をやや持ち上げ、かかと着地（足首は緊張せず、ひざは伸ばしきらず、ゆるめる）。これで、手揮琵琶（ショウフイピーパー）となる。頭を立て、腰・股関節をゆるめ、腰の高さを一定に保つ。

06 倒巻肱（ダオジュエンゴン）

この型の動画

「退いて腕を巻き込む」

前へおし、後ろへひじを張り出す

1 後ろに手を持ち上げる（図1～2）

腰を右へまわしながら、右手のひらは上に向け、右股関節を通って肩の高さへ持ち上げる。同時に、左手のひらを上に向ける（右手が肩の高さに到達するのと同時に左手のひらが上に向く）。目線は右手指先。

2 ひじを曲げ、一歩下がる（図2～3）

❶腰をやや左へまわしながら、右ひじを曲げ、右手の指先は耳横に引き寄せる。同時に目線は正面（左手方向）に向け、前脚（左脚）を持ち上げて引き寄せる。前脚（左脚）を持ち上げるとき、腰の高さを一定に保つ。

❷左足を後ろに一歩、つま先・かかとの順で着地。かかとを着地するとき、腰・股関節・両腕をゆるめる。一歩下がるとき、腰の高さは起伏せず一定に保つ（歩幅が広すぎると腰は低くなり、歩幅が狭すぎると腰は高くなる）。

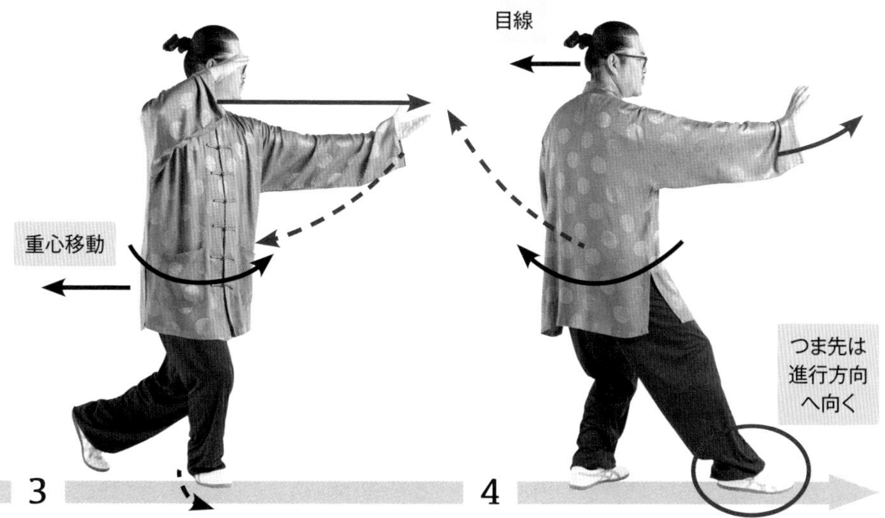

3 おし出す（図3〜4）

腰を左へまわしながら、後足（左足）へ重心移動。このとき、前足（右足）はつま先を軸にかかとを外にまわし、つま先を正面に向ける。右虚歩（シューブー）となる。左手のひらは上に向け、股関節に引き寄せ、左腕はゆるめてひじを後方に張り出す。同時に、右手で前におし出す。これで、右倒巻肱（ヨウダオジュエンゴン）となる。

ポイント 手で前におし出すとき

前におし出すとき、胸前正中線で両手を向かい合わせ、その両手が近づきすぎないように、丸い空間を保ちながらおし出す。

4 後ろに手を持ち上げる（図4〜5）

腰を左へまわしながら、左手のひらは上に向け、左股関節を通って肩の高さに持ち上げる。同時に、右手のひらを上に向ける（左手が肩の高さに到達するのと同時に右手のひらが上に向く）。目線は左手指先。

5 ひじを曲げ、一歩下がる（図5〜6）

❶腰をやや右へまわしながら、左ひじを曲げ、左手の指先は耳横に引き寄せる。同時に目線は正面（右手方向）に向け、前脚（右脚）を持ち上げて引き寄せる。前脚（右脚）を持ち上げるとき、腰の高さを一定に保つ。

❷右足を後ろに一歩、つま先・かかとの順で着地。かかとを着地するとき、腰・股関節・両腕をゆるめる。一歩下がるとき、腰の高さは起伏せず一定に保つ（歩幅が広すぎると腰は低くなり、歩幅が狭すぎると腰は高くなる）。

6 おし出す（図6〜7）

腰を右へまわしながら、後足（右足）へ重心移動。このとき、前足（左足）はつま先を軸にかかとを外にまわし、つま先を正面に向ける。左虚歩（シューブー）となる。右手のひらは上に向け、股関節に引き寄せ、右腕はゆるめてひじを後方に張り出す。同時に、左手で前におし出す。これで、左倒巻肱（ヅオダオジュエンゴン）となる。

7 後ろに手を持ち上げる（図7〜8）

腰を右へまわしながら、右手のひらは上に向け、右股関節を通って肩の高さに持ち上げる。同時に、左手のひらを上に向ける（右手が肩の高さに到達するのと同時に左手のひらが上に向く）。目線は右手指先。

8 ひじを曲げ、一歩下がる（図8〜9）

❶腰をやや左へまわしながら、右ひじを曲げ、右手の指先は耳横に引き寄せる。同時に目線は正面（左手方向）に向け、前脚（左脚）を持ち上げて引き寄せる。前脚（左脚）を持ち上げるとき、腰の高さを一定に保つ。

❷左足を後ろに一歩、つま先・かかとの順で着地。かかとを着地するとき、腰・股関節・両腕をゆるめる。一歩下がるとき、腰の高さは起伏せず一定に保つ（歩幅が広すぎると腰は低くなり、歩幅が狭すぎると腰は高くなる）。

9 おし出す（図9～10）

腰を左へまわしながら、後足（左足）へ重心移動。このとき、前足（右足）はつま先を軸にかかとを外にまわし、つま先を正面に向ける。右虚歩（シューブー）となる。左手のひらは上に向け、股関節に引き寄せ、左腕はゆるめてひじを後方に張り出す。同時に、右手で前におし出す。これで、右倒巻肱（ヨウダオジュエンゴン）となる。

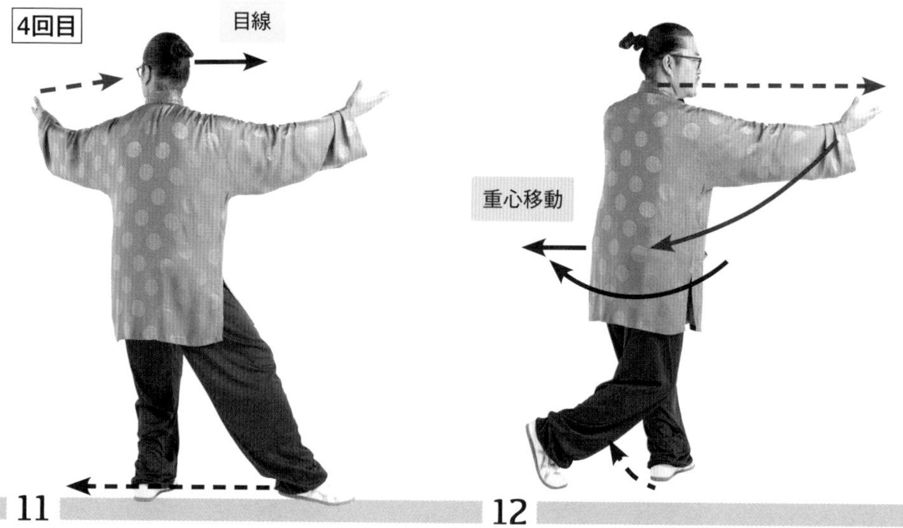

[10] 後ろに手を持ち上げる（図10〜11）

腰を左へまわしながら、左手のひらは上に向け、左股関節を通って肩の高さに持ち上げる。同時に、右手のひらを上に向ける（左手が肩の高さに到達するのと同時に右手のひらが上に向く）。目線は左手指先。

[11] ひじを曲げ、一歩下がる（図11〜12）

❶腰をやや右へまわしながら、左ひじを曲げ、左手の指先は耳横に引き寄せる。同時に目線は正面（右手方向）に向け、前脚（右脚）を持ち上げて引き寄せる。前脚（右脚）を持ち上げるとき、腰の高さを一定に保つ。

❷右足を後ろに一歩、つま先・かかとの順で着地。かかとを着地するとき、腰・股関節・両腕をゆるめる。一歩下がるとき、腰の高さは起伏せず一定に保つ（歩幅が広すぎると腰は低くなり、歩幅が狭すぎると腰は高くなる）。

13

12 おし出す (図12〜13)

腰を右へまわしながら、後足（右足）へ重心移動。このとき、前足（左足）はつま先を軸にかかとを外にまわし、つま先を正面に向ける。左虚歩（シューブー）となる。右手のひらは上に向け、股関節に引き寄せ、右腕はゆるめてひじを後方に張り出す。同時に、左手で前におし出す。これで、左倒巻肱（ヅオダオジュエンゴン）となる。

07 左攬雀尾（ヅオランチュウェイ）

「鳥の尾をなでる」

四つの基本動作の組み合わせ
張り出し、引き込み、重ねておし、落としておす

掤（ポン）

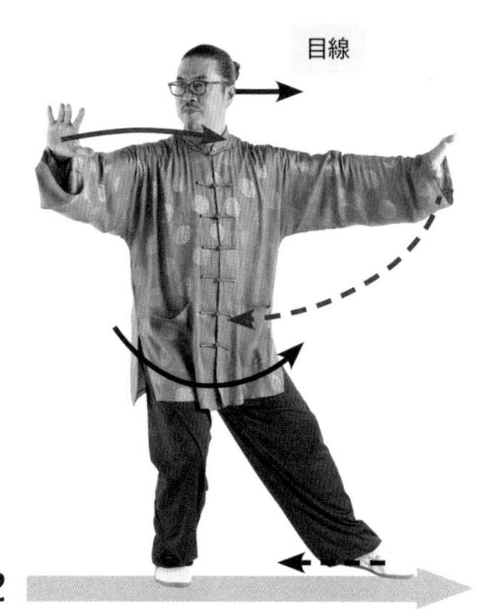

1 腕を後ろに持ち上げる（図1～2）

腰を右へまわしながら、右手を肩の高さまで持ち上げ、目線は右手指先。

2 ボールを抱える（図2～3）

腰を左へまわしながら、胸前正中線でボールを抱える（左手が下、右手が上）。同時に左脚を引き寄せる。目線は進行方向。

5 両腕を伸ばす（図5～6）

腰を左へまわし、斜め左方向に左腕をやや伸ばし、肩·ひじをゆるめて手のひらは下向き。右手は左腕の下へ、手のひらは上に向ける。目線は左手。

6 引き込む（図6～7）

腰を右へまわして後脚（右脚）へ重心移動。両腕は下におさえ、斜め右後方に引き込む。これで、左攬雀尾（ヅオランチュウェイ）の履（リー）となる。このとき、前足（左足）の裏は全面着地。

3 一歩進める（図3〜4）

左足かかとから着地（歩幅が広すぎると腰は低くなり、歩幅が狭すぎると腰は高くなる）。腰の高さは起伏せず一定に保つ。

4 胸前に張り出す（図4〜5）

腰を左へまわしながら、右手のひらは股関節の高さまでおさえ、左腕は丸く張り出した状態で胸の高さまで持ち上げる。左手の甲は進行方向を向き、手のひらは胸側に向く。同時に左弓歩（ゴンブー）。これで、左攬雀尾（ヅオランチュウェイ）の掤（ポン）となる。

履（リー）

7 後ろへ持ち上げる（図7〜8）

腰を右へまわしながら、右手のひらを上に向けて、肩の高さに持ち上げる。左腕は丸く保ち、お腹の高さ。左手のひらはお腹に向き、左手の甲が進行方向を向く。目線は右手指先。

8 胸前で合わせる（図8～9）

腰を左へまわしながら、左腕は丸く保ち、胸の高さまで持ち上げる。右腕はひじを曲げ、左手首に右手の小指のつけ根あたりを添える。重心は右脚、頭を立て、腰・股関節をゆるめる。目線は進行方向。

9 重ねた両腕でおす（図9～10）

重心移動し、左弓歩（ゴンブー）。重ねた両腕でおす（重ねた両腕の形は変えず、重心移動のみでおす）。これで、左攬雀尾（ヅオランチュウェイ）の擠（ジー）となる。

12 下におさえる（図12～13）

両手で股関節の高さまでおさえる。前脚（左脚）はゆるめて足裏を着地する。

10 両腕を分ける（図10～11）

両腕は胸前でおし出しながら分け開き、肩・ひじをゆるめる（手のひらは下向き）。

11 引き込む（図11～12）

後脚（右脚）へ重心移動。両手は胸前に引き込む。重心が右脚に完全にのるとき、前足（左足）かかとは地面に接地したまま、足裏は地面からやや離れる。

13 胸前におし出す（図13～14）

❶両手は胸の高さまで持ち上げ、手のひらは進行方向に向ける。
❷重心移動し、左弓歩（ゴンブー）。両手のひらで胸の高さにおし出す。
これで、左攬雀尾（ヅオランチュウェイ）の按（アン）となる。

08 右攬雀尾（ヨウランチュウェイ）

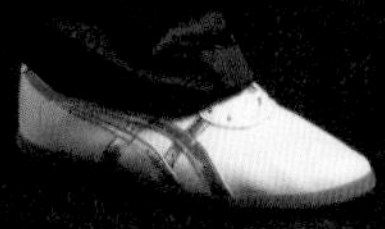

この型の動画

「鳥の尾をなでる」

四つの基本動作の組み合わせ
張り出し、引き込み、重ねておし、落としておす

転身

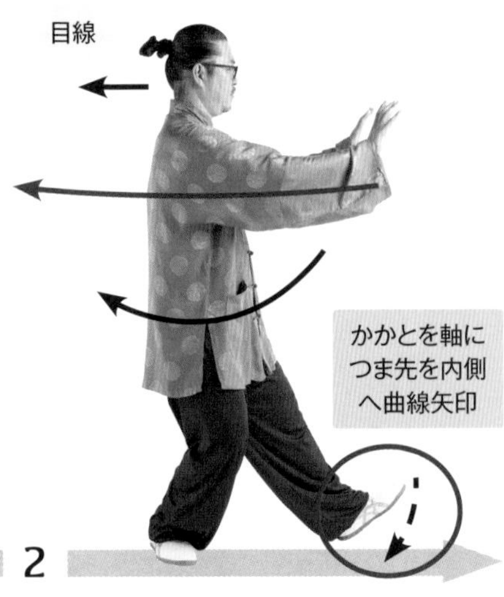

[1] 重心移動 (図1〜2)

後脚（右脚）へ重心移動。
両腕は肩･ひじ･手首をゆるめる。

[2] 振り返る (図2〜3)

❶腰を右へまわして、右手は斜め右後方へ開く。目線は右手指先。腰の回転に合わせて左足かかとを軸に左足つま先は内側に入る。
❷左脚に重心移動。

[4] 一歩進める (図4〜5)

右足かかとから着地して一歩進める（歩幅が広すぎると腰は低くなり、歩幅が狭すぎると腰は高くなる)。腰の高さは起伏せず一定に保つ。

[5] 胸前に張り出す (図5〜6)

腰を右へまわしながら、左手のひらは股関節の高さまでおさえ、右腕は丸く張り出した状態で胸の高さまで持ち上げる。右手の甲は進行方向に向き、手のひらは胸側に向

3 ボールを抱える（図3～4）

腰を右へまわしながら、胸前正中線でボールを抱える（左手が上、右手が下）。右足かかと、つま先の順で持ち上げ引き寄せる。目線は180度方向転換した方向。

く。同時に、左足つま先を軸にかかとを蹴り出して、右弓歩（ゴンブー）。これで、右攬雀尾（ヨウランチュウェイ）の掤（ポン）となる。

6 両腕を伸ばす（図6～7）

腰を右へまわし、斜め右方向に右腕をやや伸ばし、肩・ひじをゆるめて手のひらは下向き。左手は右腕の下へ、手のひらは上に向ける。目線は右手。

履（リー）

7 引き込む（図7〜8）

腰を左へまわして後脚（左脚）へ重心移動。両腕は下におさえ、斜め左後方に引き込む。これで、右攬雀尾（ヨウランチュウェイ）の履（リー）となる。このとき、前足（右足）の裏は全面着地。

8 後ろへ持ち上げる（図8〜9）

腰を左へまわしながら、左手のひらを上に向けて、肩の高さに持ち上げる。右腕は丸く保ち、お腹の高さ。右手のひらはお腹に向き、右手の甲が進行方向を向く。目線は左手指先。

擠（ジー）

10 重ねた両腕でおす（図10〜11）

重心移動し、右弓歩（ゴンブー）。重ねた両腕でおす（重ねた両腕の形は変えず、重心移動のみでおす）。これで、右攬雀尾（ヨウランチュウェイ）の擠（ジー）となる。

11 両腕を分ける（図11〜12）

両手は胸前でおし出しながら分け開き、肩・ひじをゆるめる（手のひらは下向き）。

9 胸前で合わせる（図9〜10）

腰を右へまわしながら、右腕は丸く保ち、胸の高さまで持ち上げる。左腕はひじを曲げ、右手首に左手の小指のつけ根あたりを添える。重心は左脚、頭を立て、腰・股関節をゆるめる。目線は進行方向。

12 引き込む（図12〜13）

後脚（左脚）へ重心移動。両手は胸前へ引き込む。重心が左脚に完全にのるとき、前足（右足）かかとは地面に接地したまま、足裏は地面からやや離れる。

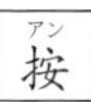

13 下におさえる（図13～14）

両手で股関節の高さまでおさえる。前脚（右脚）はゆるめて足裏を着地する。

15

14 胸前におし出す (図14～15)

❶両手は胸の高さまで持ち上げ、手のひらは進行方向に向ける。

❷重心移動し、右弓歩（ゴンブー）。両手のひらで胸の高さにおし出す。
これで、右攬雀尾（ヨウランチュウェイ）の按（アン）となる。

09 単鞭（ダンビエン）

この型の動画

つまんでおしひらく

「片手で鞭(むち)を持つ」

[1] 重心移動（図1〜2）

後脚（左脚）へ重心移動。
左手首はゆるめ、右手は下におさえる。

[2] 振り返る（図2〜3）

腰を左へまわして、右足かかとを軸につま先は内側。同時に、左手小指側で斜め後方におし出し、右手のひらをお腹側に向ける。目線は左手指先。

3 両手を入れ替える(図3〜4)

左手は下におさえる。
同時に、右腕は内側から胸の高さまで持ち上げる（右腕は丸く保つ）。
このとき、重心移動は行わない。

4 重心移動(図4〜5)

腰を右へまわしながら、右脚へ重心移動。
同時に、右手は小指側で斜め後方におし出し、左腕は手のひらをお腹側に向ける。
目線は右手指先。

5 つまむ（図5〜6）

右手のひらでおしながら、指先で軽くつまむ（鉤手：コウシュ）。
同時に、左腕は丸く保ち、左手指先を右手首の内側に添え、左足かかと・つま先の順で持ち上げ、右脚に引き寄せる。

6 一歩進める（図6〜7）

腰を左へまわし、左腕を開く。
同時に、進行方向に左足かかとから着地して一歩進める。

7 おし出す（図7～8）

腰を左へまわして、右足つま先を軸にかかとを蹴り出す（左弓歩：ゴンブー）。
同時に、左手小指側で進行方向におし出す。
これで、単鞭（ダンビエン）となる。

ポイント 単鞭の腕の角度

左手は進行方向、右手の鉤手（コウシュ）は斜め右後方。
両腕は開きすぎず狭すぎない（両腕の角度は約135度）。
ただし、肩や腕が緊張する場合は、緊張しない角度で行う。

10 雲手（ユンショウ）

この型の動画

横へ移動し手をまわす

「雲のように手を動かす」

1回目

1 重心移動（図1～2）

後脚（右脚）に重心移動。
左腕はゆるめて下におさえる。

2 振り返る（図2～3）

腰を右へまわして右手は鉤手（コウシュ）を解いて、小指側で斜め後方におし出す。同時に、左手のひらをお腹側に向ける（左腕は丸く保つ）。目線は右手指先。
腰の回転に合わせて、左足かかとを軸に左足つま先は内側に入る。

3 入れ替える（図3〜4）

右手は下におさえる。
同時に、左腕は内側から胸の高さまで持ち上げる（左腕は丸く保つ）。
このとき、重心移動は行わない。

4 重心移動しておし出す（図4〜5）

腰を左へまわし、左脚へ重心移動。
同時に、左手小指側で左方向におし出す。
右手のひらをお腹側に向け、右腕は丸く保つ。目線は左手指先。

ポイント 腕の丸み

両腕は常に身体の前で丸く保つ。特に下になる手と身体との間には、お腹にボールをおしつけているような空間を保つ。

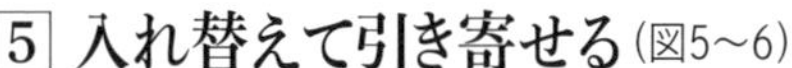

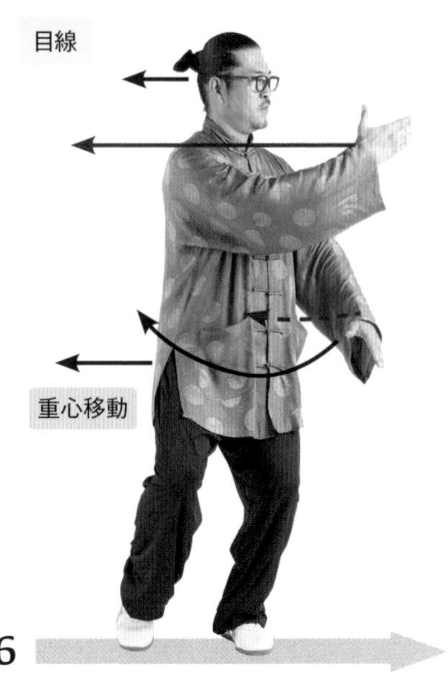

5 入れ替えて引き寄せる（図5〜6）

左手を下におさえ、右手は内側から胸の高さまで持ち上げる。
同時に右足かかと・つま先の順で持ち上げ、左足の横（拳一つ分の幅）に右足つま先・かかとの順で着地する。
右足かかとを着地するとき、腰・股関節をゆるめる。

6 重心移動しておし出す（図6〜7）

腰を右へまわし、右脚に重心移動。
同時に、右手小指側で右方向へおし出す。
左手のひらはお腹側に向け、左腕は丸く保つ。
目線は右手指先。

7 入れ替えて一歩出す（図7〜8）

右手を下におさえ、左手は内側から胸の高さまで持ち上げる。
同時に、左足かかと・つま先の順で持ち上げ、左横へ一歩進め、つま先・かかとの順で着地。
左足かかとを着地をするとき、腰・股関節をゆるめる。このとき、重心移動は行わない。

2回目

8 重心移動しておし出す（図8〜9）

腰を左へ回し、左脚へ重心移動。同時に、左手小指側で左方向におし出す。右手のひらはお腹側に向け、右腕は丸く保つ。目線は左手指先。

9 入れ替えて引き寄せる（図9〜10）

左手を下におさえ、右手は内側から胸の高さまで持ち上げる。同時に右足かかと・つま先の順で持ち上げ、左足の横（拳一つ分の幅）に右足つま先・かかとの順で着地。右足かかとを着地するとき、腰・股関節をゆるめる。

3回目

12 重心移動しておし出す（図12〜13）

腰を左へまわし、左脚へ重心移動。同時に、左手小指側で左方向におし出す。右手のひらをお腹側に向け、右腕は丸く保つ。目線は左手指先。

13 入れ替えて引き寄せる（図13〜14）

左手を下におさえ、右手は内側から胸の高さまで持ち上げる。同時に右足かかと・つま先の順で持ち上げ、左足の横（拳一つ分の幅）に右足つま先・かかとの順で着地。右足かかとを着地するとき、腰・股関節をゆるめる。

10 重心移動しておし出す（図10～11）

腰を右へまわし、右脚へ重心移動。同時に、右手小指側で右方向におし出す。左手のひらはお腹側に向け、左腕は丸く保つ。目線は右手指先。

11 入れ替えて一歩出す（図11～12）

右手は下におさえ、左手は内側から胸の高さまで持ち上げる。同時に左足かかと・つま先の順で持ち上げ、左横へ一歩進め、つま先・かかとの順で着地。左足かかとを着地をするとき、腰・股関節をゆるめる。このとき、重心移動は行わない。

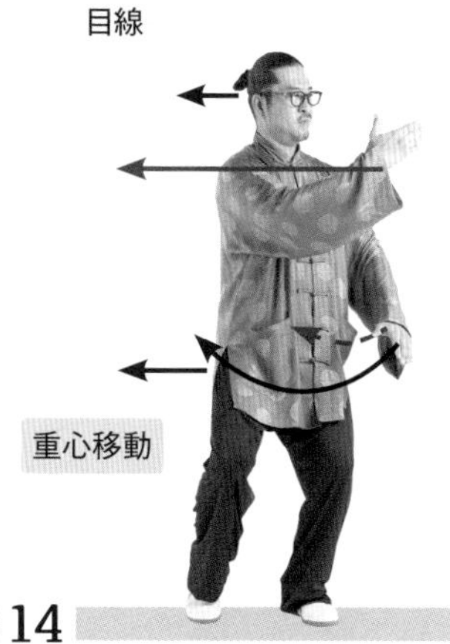

14 重心移動しておし出す（図14～15）

腰を右へまわし、右脚へ重心移動。同時に、右手小指側で右方向におし出す。左手のひらはお腹側に向け、左腕は丸く保つ。目線は右手指先。

11 単鞭（ダンビエン）

この型の動画

「片手で鞭（むち）を持つ」つまんでおしひらく

1 つまむ（図1〜2）

右手のひらでおしながら、指先で軽くつまむ（鉤手：コウシュ）。同時に、左腕は丸く保ち、左手指先を右手首の内側に添える。

2 一歩進める（図2〜3）

腰を左へまわし、左腕を開く。同時に、進行方向へ一歩、左足かかとから着地して一歩進める。

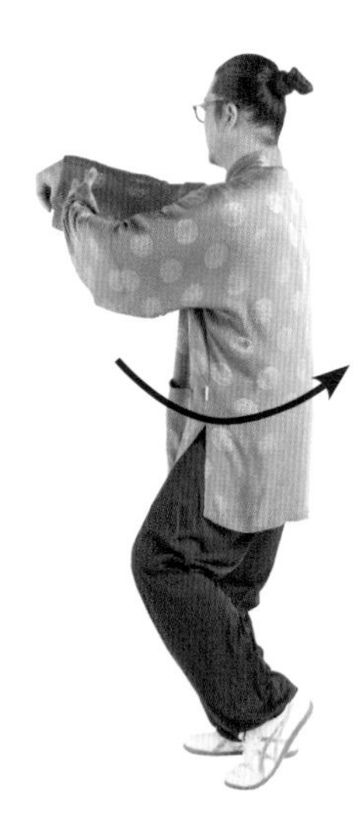

3 おし出す（図3～4）

腰を左へまわして、右足つま先を軸にかかとを蹴り出す（左弓歩：ゴンブー）。同時に、左手小指側で進行方向におし出す。これで、単鞭（ダンビエン）となる。

12 高探馬（ガオタンマ）

この型の動画

半歩引き寄せておす

「馬の背の上から探す」

1 半歩引き寄せる（図1〜2）

腰をやや左へまわしながら、両腕はゆるめて前脚（左脚）に重心移動。後脚（右脚）を半歩引き寄せ、つま先着地。

2 後ろに開く（図2〜3）

腰を右へまわしながら、後脚（右脚）に重心移動。両腕はゆるめて、両手のひらは上を向く。目線は右手指先。

3 ひじを曲げて引き寄せる
（図3〜4）

腰を左へまわしながら、右ひじを曲げて、右手指先は耳横。同時に、前脚（左脚）を引き寄せる。目線は進行方向。

4 おし出す（図4〜5）

腰を左へまわしながら、両手を入れ替える（左手は股関節に引き寄せ、右手は胸前におし出す）。左脚は進行方向につま先着地、腰・股関節をゆるめる。これで、高探馬（ガオタンマ）となる。

13 右蹬脚（ヨウドンジャオ）

この型の動画

「右足のかかとで蹴り出す」

両手をひらいて蹴る

1

2

1 差し込む（図1～2）

腰を右へまわしながら、左手指先を右手首の上に差し込む。
同時に前脚（左脚）を引き寄せる。

2 一歩進める（図2～3）

腰を左へまわしながら、左手のひらを下に向ける。
同時に、左脚を斜め左方向にかかとから着地して一歩進める。

差し込む

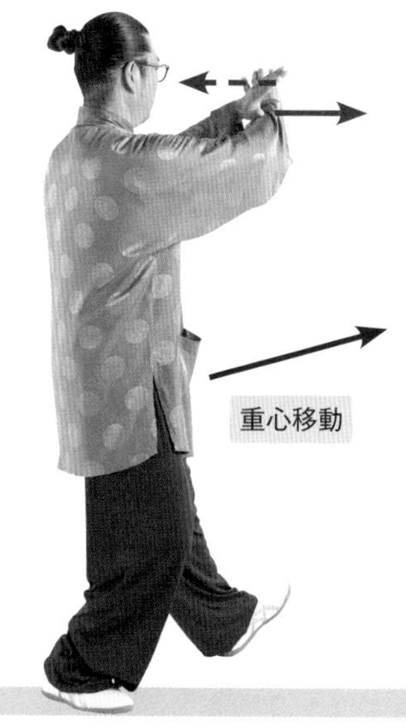

3 両手を開く（図3〜5）

左弓歩（ゴンブー）となり、正中線を中心に、両手を返し外側に開く。

左手のひらを下へ向ける

両手を分け開く

4 両手を重ねて、脚を引き寄せる（図5〜6）

両手は上から下におさえる。下からすくいあげるとき、左手が上、右手が下でお腹の前で重ねる。同時に後脚（右脚）を引き寄せる。

5 ひざを持ち上げる（図6〜7）

重ねた両腕を手のひらを内側に返しながら、胸前まで持ち上げる（左手が手前、右手が外側）。
同時に、右ひざを持ち上げる。
このとき、胸前の両腕は丸い空間を保つ。

7 → 8

6 蹴る（図7～8）

両手は円を描きながら外側に張り出し、肩の高さで両手の小指側でおし出す。
同時に右足かかとで蹴り出す。
右手小指側でおし出す方向、右足かかとで蹴り出す方向を合わせる。
これで、右蹬脚（ヨウドンジャオ）となる。

シュアンフォングワンアル

14 双峰貫耳

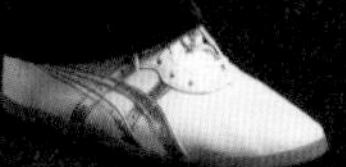

この型の動画

「両手で耳を貫く」

両拳ではさむ

1 ひざを曲げ、両手を合わせる（図1～3）

❶蹴り出した脚をゆるめ、ひざを曲げる。

❷腰を右へまわして、両手のひらを上に向け、両手の指先を近づける。

2 一歩進める（図3～4）

腰をやや下ろし、右脚を斜め右方向（蹴り出した方向）にかかとから着地して一歩進める。両手は甲側から下に下ろし、股関節に引き寄せる。

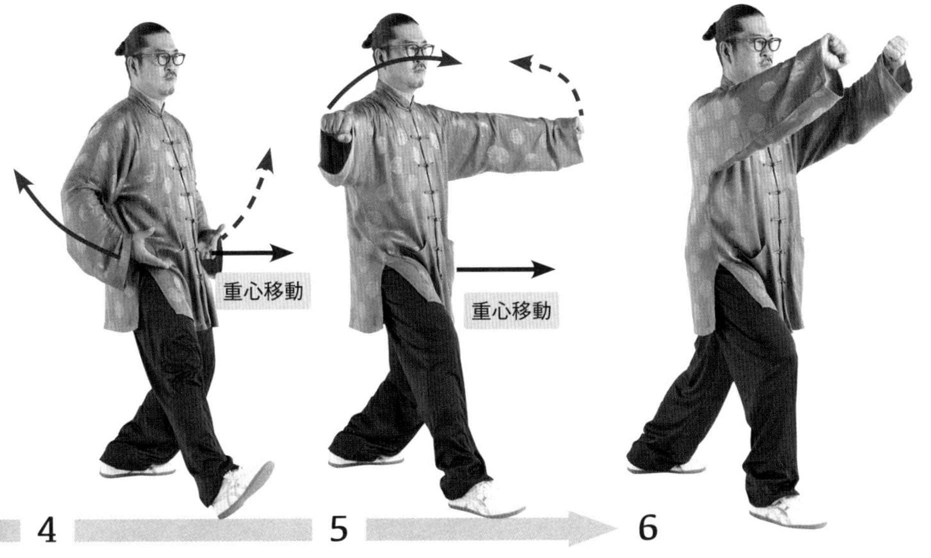

3 拳ではさむ（図4〜6）

左足つま先を軸にかかとを蹴り出し、右弓歩（ゴンブー）。
両手は股関節のあたりで拳を握り、外側から弧を描いて前方へ。
顔の高さで拳ではさむ（拳と拳の間は頭の幅くらい）。
これで、双峰貫耳（シュアンフォングワンアル）となる。

ポイント 拳ではさむときの注意点

❶拳はしっかり握る。
❷拳ではさむとき、両腕は伸ばしきらず、ひじを落として腕の丸みを保つ。
❸拳ではさむ幅は、狭すぎず広すぎず、頭の幅くらいではさむ。

15 左蹬脚（ヅオドンジャオ）

この型の動画

両手をひらいて蹴る

「左足のかかとで蹴り出す」

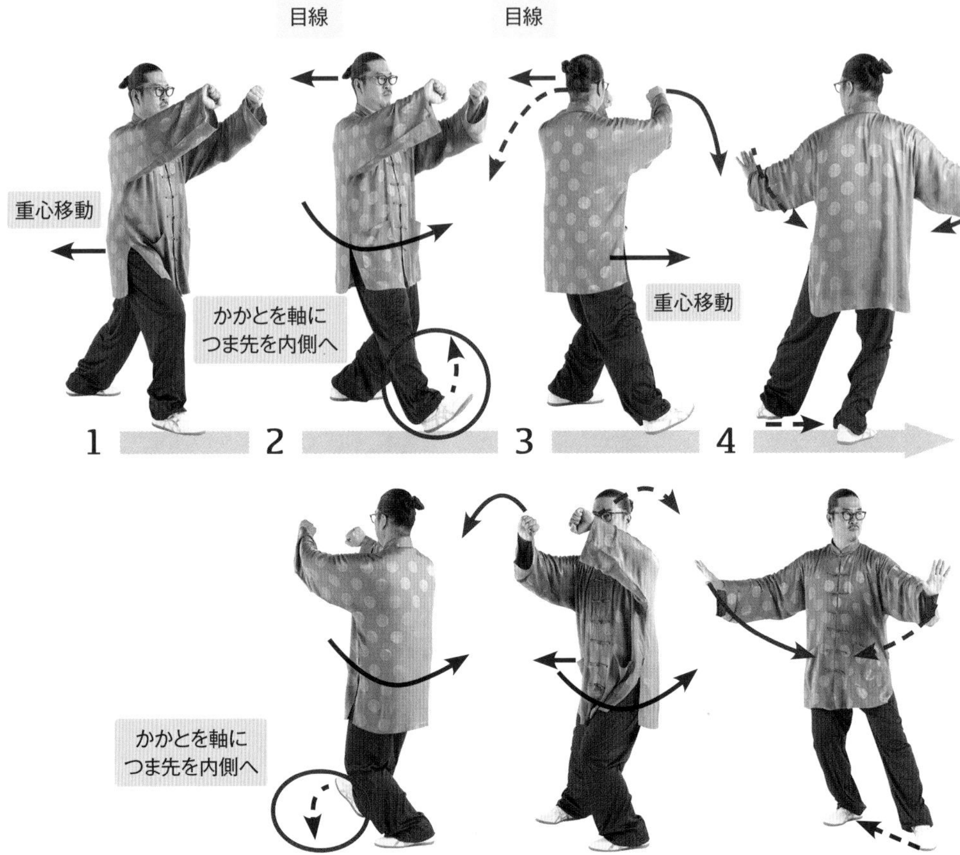

[1] 重心移動（図1～2）

後脚（左脚）に重心移動する。

[2] 振り返る（図2～3）

腰を左へまわし、右足かかとを軸につま先を内側。
目線は斜め左後方。

[3] 両手を開く（図3～4）

❶右脚に重心移動。
❷右足かかとに重心をのせ、左足つま先を軸にかかとを内側にまわす。
同時に両手を開く（両手を開くとき、左手は蹴る方向）。

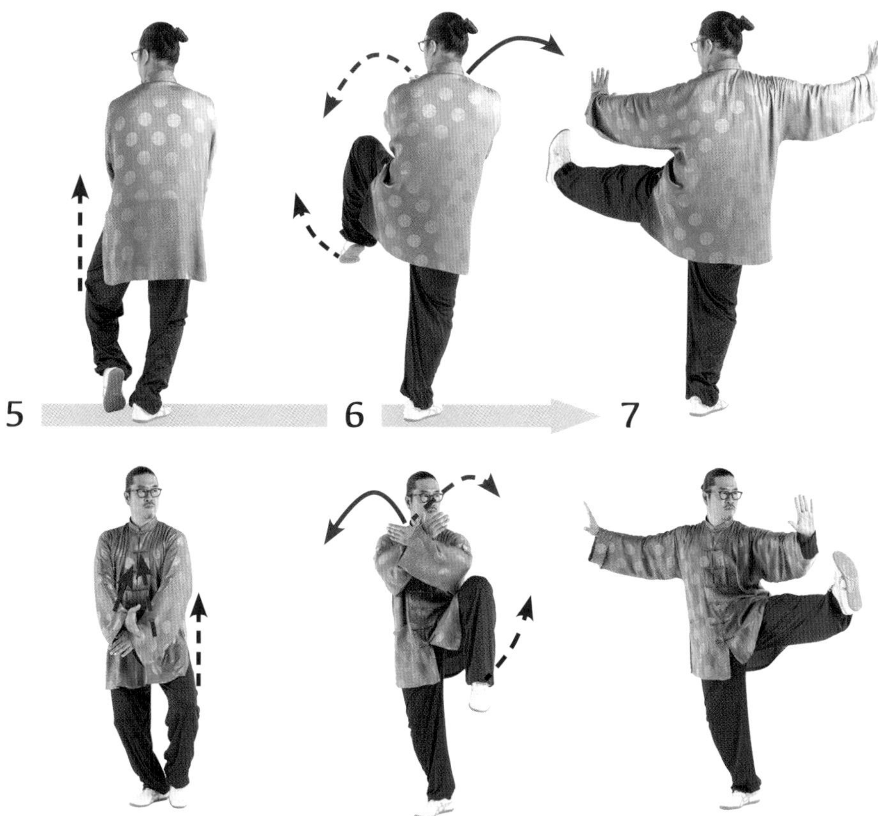

4 ひざを持ち上げる（図4～6）

❶両手は上から下におさえる。

❷重ねた両腕を手のひらを内側に返しながら、胸前まで持ち上げる（左手が外側、右手が手前）。
同時に、左ひざを持ち上げる。
このとき、胸前の両腕は丸い空間を保つ。

5 蹴る（図6～7）

両手は円を描きながら外側に張り出し、肩の高さで両手の小指側でおし出す。
同時に左足かかとで蹴り出す。
左手小指側でおし出す方向、左足かかとで蹴り出す方向を合わせる。
これで、左蹬脚（ヅオドンジャオ）となる。

16 左下勢独立
ヅオシャーシードゥーリー

この型の動画

差し込んですくい上げ、ひざを持ち上げる

「下に沈んだ姿勢から片足で立つ」

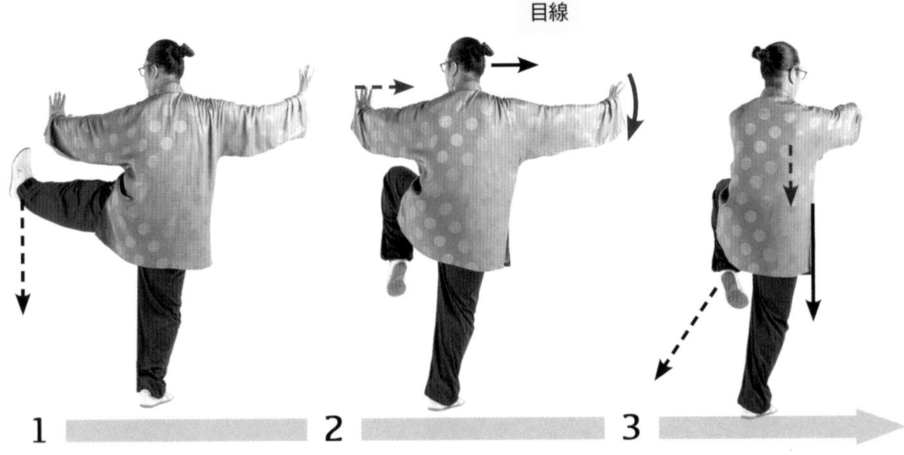

1 つまむ（図1〜3）

❶蹴り出した脚をゆるめ、ひざを曲げる。

❷腰を右へまわし、右手のひらでおしながら、指先で軽くつまむ（鉤手：コウシュ）。左手は右手首の内側に添える。目線は右手。

2 一歩進める（図3〜4）

左脚を斜め後方につま先・かかとの順で着地。左手は手のひらで下におさえる。

3 差し込む（図4～6）

❶腰を左へまわして右足上にしゃがむ。左仆歩（プーブー）となる。
左手指先を進行方向に向ける（手のひらは進行方向に向かって右側に向く）。
目線は進行方向。

❷左手の甲を左脚の内側に沿わせながら指先で前に差し込む。

4 すくい上げる（図6～7）

❶腰を左へまわしながら、左足かかとを軸につま先を外にまわして進行方向に向け、ひざをゆるめる。

❷左腕ですくい上げ、左手指先を上に向ける。
右腕は鉤手（コウシュ）のまま自然に下ろし、腰の後ろに寄せる。
（右腕は下ろしながら内旋し、鉤手の指先は上に向ける）
同時に、後足（右足）かかとを軸にしてつま先を内側に入れる（左弓歩：ゴンブー）。

5 脚を引き寄せる（図7〜9）

❶腰を左へまわして、左足かかとを軸にし、つま先を外に開く。
左腕はゆるめて手のひらを下に向ける。

❷左脚に重心をのせ、左手を下におさえはじめる。
同時に右手の鉤手（コウシュ）を解いてゆるめ、右脚を引き寄せる。

6 ひざを引き上げる（図9～10）

両手を入れ替える。

（左手は左股関節前あたりをおさえ、右手は親指側から前に持ち上げ、顔の高さで指先を上に向ける）

同時に、左脚で立ち上がりながら、右ひざを引き上げる（独立歩：ドゥーリーブー）。

これで、左下勢独立（ヅオシャーシードゥーリー）となる。

頭を立て、肩・ひじ・腰・股関節をゆるめて安定させる。

ヨウシャーシードゥーリー

17 右下勢独立

この型の動画

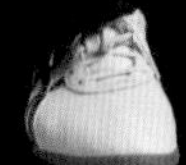

「下に沈んだ姿勢から片足で立つ」

差し込んですくい上げ、ひざを持ち上げる

1 入れ替える（図1～3）

❶腰をやや下ろし、引き上げている右脚をゆるめて、自然につま先から着地。

❷腰を左へまわし、左足つま先を軸にかかとを内側に入れて身体をまわし、同時に右手で顔前をはらう。

2 つまむ（図3～4）

左手をつまみながら、肩の高さまで持ち上げ、右手は左手首の内側に添える。
目線は左手。

3 一歩進める（図4～5）

右脚を斜め後方につま先・かかとの順で着地して一歩進める。
右手のひらで下におさえる。

4 差し込む（図5～7）

❶腰を右へまわして左足上にしゃがむ。右仆歩（プーブー）となる。
右手指先を進行方向に向ける（手のひらは進行方向に向かって左側に向く）。
目線は進行方向。
❷右手の甲を右脚の内側に沿わせながら指先で前に差し込む。

5 すくい上げる（図7〜8）

❶腰を右へまわしながら、右足かかとを軸につま先を外にまわして進行方向に向け、ひざをゆるめる。

❷右腕ですくい上げ、右手指先を上に向ける。
左腕は鉤手（コウシュ）のまま自然に下ろし、腰の後ろに寄せる。
（左腕は下ろしながら内旋し、鉤手の指先は上に向ける）
同時に後足（左足）かかとを軸にしてつま先を内側に入れる（右弓歩：ゴンブー）。

6 脚を引き寄せる（図8〜10）

❶腰を右へまわして、右足かかとを軸に、つま先を外に開く。
右腕はゆるめて手のひらを下に向ける。

❷右脚に重心をのせ、右手を下におさえはじめる。
同時に左手の鉤手（コウシュ）を解いてゆるめ、左脚を引き寄せる。

7 ひざを引き上げる（図10～11）

両手を入れ替える。
（右手は右股関節前あたりをおさえ、左手は親指側から前に持ち上げ、顔の高さで指先を上に向ける）
同時に、右脚で立ち上がりながら、左ひざを引き上げる（独立歩：ドゥーリーブー）。
これで、右下勢独立（ヨウシャーシードゥーリー）となる。
頭を立て、肩・ひじ・腰・股関節をゆるめて安定させる。

18 穿梭（チュアンスオ）

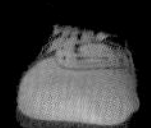
この型の動画

「機(はた)の杼(ひ)のように差し込む」

守りながらおす

1 ボールを抱える（図1～3）

❶腰をやや下ろし、左足かかとから着地。
❷腰を左へまわしながら、前脚（左脚）へ重心移動。
❸胸前正中線でボールを抱える（左手が上、右手が下）。
同時に右脚を引き寄せる。

2 一歩進める（図3～4）

腰を右へまわしながら、斜め右方向に右足かかとを着地し、一歩進める。
同時に左手は弧を描いて脇腹に引き寄せ、右手は弧を描いて胸前に持ち上げる（すべての動作を同時に行う）。
目線は斜め右方向。

3 胸前におす（図4〜5）

腰を右へまわしながら、右弓歩（ゴンブー）。
（左足つま先を軸にかかとを蹴り出す）。
同時に、右手を返して頭の上に挙げ（小指側を上）、左手は胸前におし出す。
これで、左穿梭（ヅオチュアンスオ）となる。

2回目

4 ボールを抱える（図6〜7）

❶後脚（左脚）に重心移動。
腰をやや左へまわし、両腕はゆるめて外側へ開き、肩の高さまで下ろす。
❷腰を右へまわしながら、右脚に重心移動。
❸胸前正中線でボールを抱える（左手が下、右手が上）。
同時に左脚を引き寄せる。

5 一歩進める（図7〜8）

腰を左へまわしながら、斜め左方向に左足かかとを着地し、一歩進める。
同時に右手は弧を描いて脇腹に引き寄せ、左手は弧を描いて胸前に持ち上げる（すべての動作を同時に行う）。
目線は斜め左方向。

6 胸前におす (図8～9)

腰を左へまわしながら、左弓歩（ゴンブー）。
（右足つま先を軸にかかとを蹴り出す）
同時に、左手を返して頭の上へ挙げ（小指側を上）、右手は胸の前におし出す。
これで、右穿梭（ヨウチュアンスオ）となる。

19 海底針

ハイディヂェン

この型の動画

「海の底に針を刺す」前傾しながら刺し込む

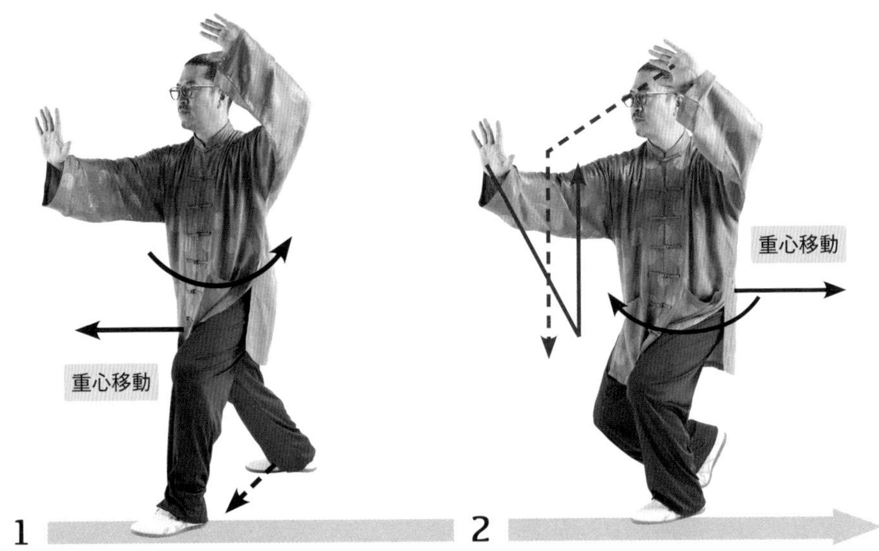

1 半歩引き寄せる（図1～2）

腰を左へまわしながら、前脚（左脚）に重心移動。
後脚（右脚）を半歩引き寄せ、両腕をゆるめる。

2 両手を入れ替える（図2～3）

❶ 腰を右へまわしながら、後脚（右脚）に重心移動。
左手のひらを右方向に向け、肩の前、右手は股関節に引き寄せる。
目線は斜め右方向。
❷左手は下におさえ、右手は親指側でこめかみの高さまで持ち上げる。
同時に前脚（左脚）を引き寄せる。

3 差し込む（図3～4）

❶腰を左へまわしながら、左手はひざ前をはらい、右手指先でこめかみから正面に差し込みはじめる。
❷身体を前傾して、右手は斜め下方向に差しこみ、左手は左ひざの横。
同時に、左足つま先を進行方向に着地（左虚歩：シューブー）。
これで、海底針（ハイディヂェン）となる。

ポイント 海底針の姿勢

前傾するとき、背中が丸くならないよう頭を立て、背中を伸ばし、股関節から前傾するように注意する。

ポイント 海底針の手の動作

❶腰を右へまわしながら左手は手のひらを右方向に向け、肩の前、右手は股関節に引き寄せる。（図1～2）
❷左手は下におさえ、右手は親指側でこめかみの高さまで持ち上げる。（図2～3）

❸腰を左へまわしながら、左手はひざ前をはらい、身体を前傾して右手は斜め下方向に差し込み、左手は左ひざの横。(図3〜4)

20 閃通臂（シャントンピー）

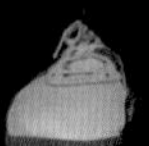

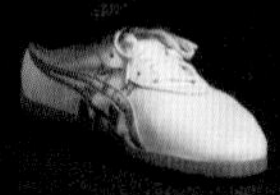

この型の動画

「腕をひるがえし通す」

顔前でわけておす

1 両手を合わせる（図1～3）

❶前傾している海底針（ハイディチェン）のまま、腰の高さを一定に保ったまま上体を起こす。

❷腰を右へまわしながら、右手は胸前、左手小指側を右手首内側に添える。同時に前脚（左脚）を引き寄せる。

2 一歩進める（図3〜4）

右手のひらを外側に向け、両手は顔の前。
左脚を進行方向にかかとから着地し、一歩進める。

3 おし出す（図4〜5）

重心移動し、左弓歩（ゴンブー）。
同時に、両手は顔前で分け開き、右手は小指側を上にして頭の右斜め上、左手は小指側で正面、胸の高さへおし出す。
これで、閃通臂（シャントンビー）となる。

21 搬攔捶（バンランチュイ）

この型の動画

「ハンマーのように打つ」

振り返って打ち下ろし、おさえ打つ

1 **重心移動**（図1〜2）

後脚（右脚）に重心移動。

2 **振り返る**（図2〜3）

腰を右へまわしながら、左足かかとを軸につま先を内側に入れる。
両手は上方から弧を描いて、後方に振り返る。目線は右手。

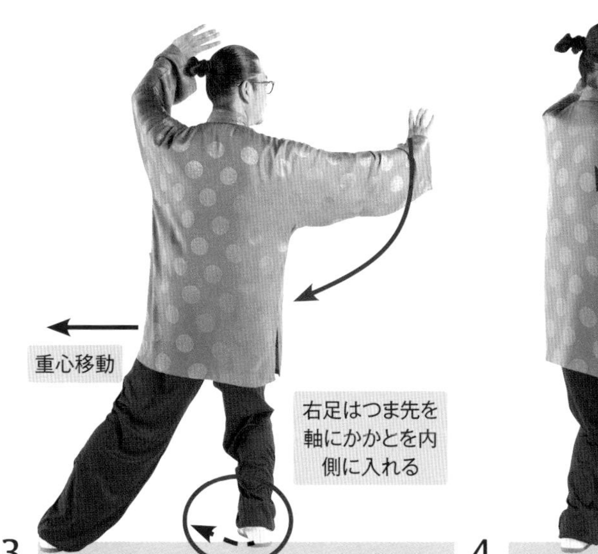

3 構える（図3〜4）

左脚に重心移動。
左足かかとに重心がのるとき、右足つま先を軸にかかとを内側にまわす。
左手は小指側を上にして頭の上。
右手は拳を握ってお腹の前（右腕はゆるめて丸く保つ）。

4 裏拳で打つ（図4〜6）

❶腰を右へまわしながら、左手で下におさえ、右手は左腕の内側から右拳を持ち上げる。
同時に右ひざを内側からまわして持ち上げる。
❷右脚で上から踏むように足裏から着地する。
同時に進行方向に向かって裏拳で打つ。
左手は左股関節前。
これで、搬攔捶（バンランチュイ）の搬（バン）となる。

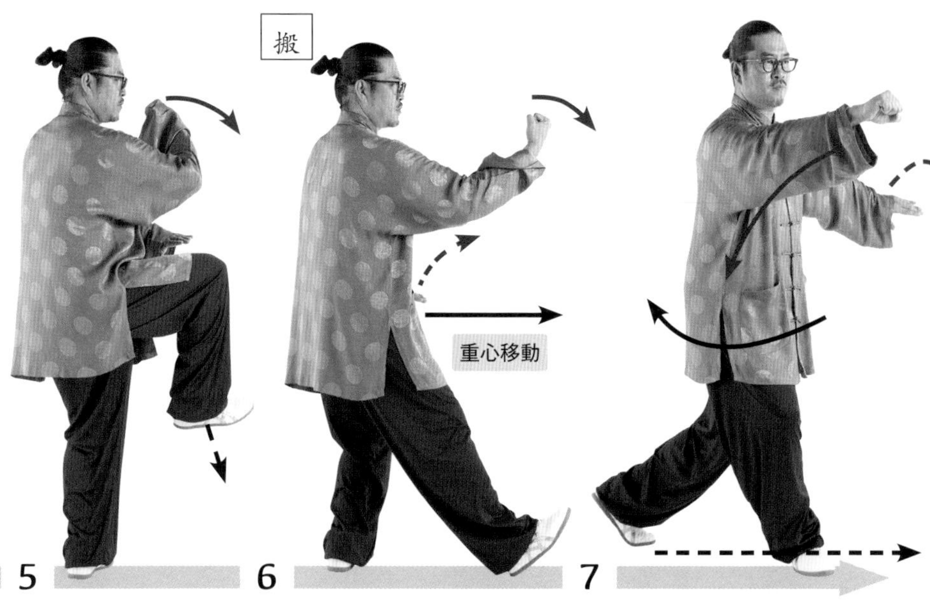

5 おさえる（図5〜6）

❶腰を右へまわしながら右脚に重心をのせ、右拳を外側にまわし、左手は外側から丸くまわす（両腕は円を描きながらまわす）。

❷左足かかとから着地し、一歩進める。右拳は甲を下にして右腰に構え、左手は胸の高さでおさえる。

これで、搬攔捶（バンランチュイ）の攔（ラン）となる。

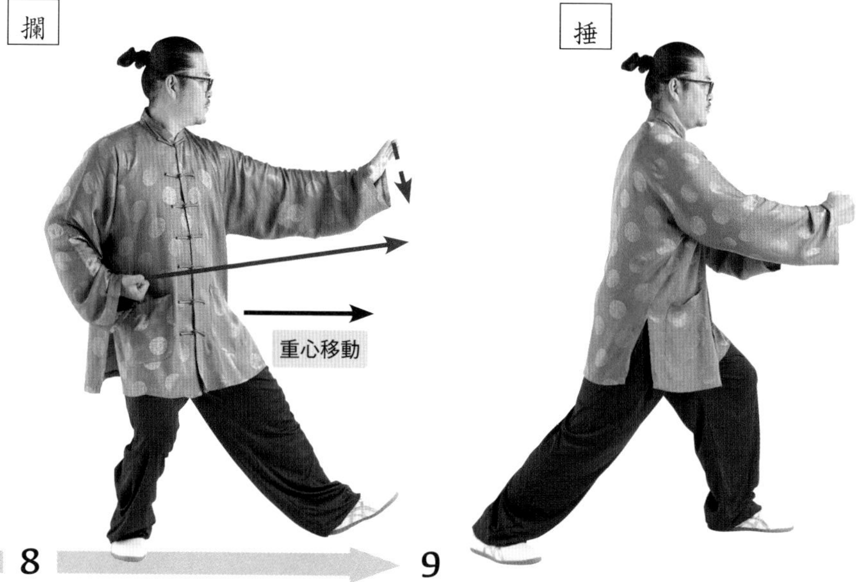

6 拳で打つ（図8～9）

重心移動して、左弓歩（ゴンブー）。
同時に、右拳を縦拳でお腹の高さ、前へ打ち出す。
このとき、左手は右手首の内側に添える。
これで、搬攔捶（バンランチュイ）の捶（チュイ）となる。

ポイント 搬攔捶の歩法

搬攔捶（バンランチュイ）の搬（バン）の動作の歩法は、
太極拳動作の中で唯一ひざをまわしながら上から踏みつける歩法となるので、
前へ歩く（上歩：シャンブー）とはっきり区別するように注意する。

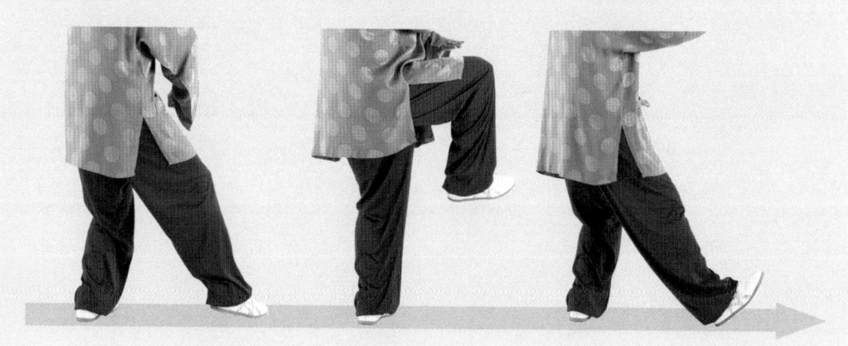

22 如封似閉（ルーフォンスービー）

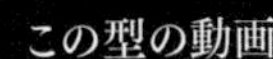

「両手で封じ込める」

ほどいて引き込みおす

[1] 差し込む（図1～2）

腰をやや左へまわしながら、左手の指先を右手首の下に差し込む。

[2] 分ける（図2～3）

❶左手のひらは上に向け、同時に右拳を解いて、手のひらを上に向ける。
❷腰をやや右にまわしながら（正面に戻しながら）、両手は左右、肩幅に分け開く。

[3] 引き込む（図3～4）

後脚（右脚）へ重心移動。
同時に両手を胸に引き込む。

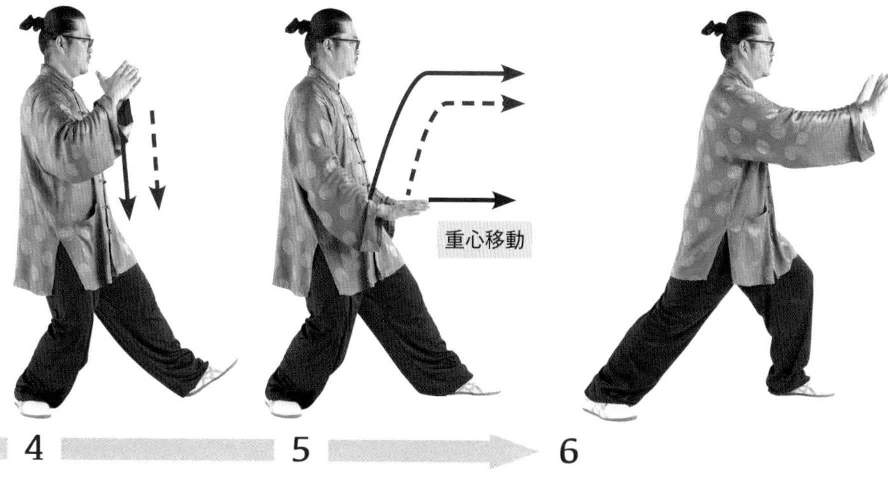

4 おし出す（図4〜6）

❶両手は下におさえ、前足（左足）の足裏は地面に着地。
❷両手を胸の高さまで持ち上げ、両手で胸前におし出す。
同時に重心移動して、左弓歩（ゴンブー）。
これで、如封似閉（ルーフォンスービー）となる。

ポイント 如封似閉の手の動作

❶左手指先を右手首の下に差し込む。(図1～2)
❷両手のひらを上向きにする（右拳は解く）。(図2～3)
❸両手を分け開く。(図3～4)
❹両手を胸へ引き込む。(図4～5)
❺両手で下におさえる。(図5～6)
❻～❼胸前まで両手を持ち上げてから、前におす。(図6～7)

23 十字手（シーヅーショウ）

この型の動画

ひらいて合わせ胸前へ持ち上げる

「手を十字に組む」

1 **重心移動**（図1〜2）

後脚（右脚）に重心移動。両腕はゆるめる。

2 **分ける**（図2〜4）

❶腰を右へまわしながら、前足（左足）かかとを軸につま先を内側に入れ、同時に、右手は斜め右後方に開く。目線は右手。

❷腰を右へまわし、右足かかとを軸にしてつま先を外側に開く（このとき、右手・右脚のつま先が同じ方向を向く）。

[3] **重心移動**（図4〜6）

❶左脚に重心移動。両手は下におさえる。

❷腰を左へまわし、右足かかとを軸につま先を内側に入れる。
同時に、お腹の前で右手が下、左手が上で両腕を重ねる。

④ **重ねる**（図6～7）

腰をやや右へまわしながら（正面に向けながら）、
右足かかと・つま先の順で持ち上げ、肩幅につま先・かかとの順で着地する。
同時に、重ねた両腕を手のひらを内側に返しながら、胸前まで持ち上げる
（左手が手前、右手が外側）（両腕は胸の前で丸い空間を保つ）。
かかとに重心をのせ、頭を立て、腰・股関節をゆるめる。
これで、十字手（シーヅーショウ）となる。

7

ポイント 両手を重ねるとき

胸前で丸い空間を保つ。

24 収勢（シュウシー）

この型の動画

1 分ける（図1～2）

両手の甲で前におし出し、両手のひらを下へ向け、肩幅に分け開く。

2 おさえて立ち上がる（図2～3）

肩・ひじ・手首をゆるめ、両腕全体で下におさえる（両手は股関節の高さまでおさえる）。

両腕で下におさえるとき、同時に足裏全体で地面をおし、立ち上がる。

3 揃える（図3～4）

❶手首をゆるめて、自然に下ろす。
同時に、右足に重心をのせ、左足かかと・つま先の順に持ち上げ、右足に揃える（つま先・かかとの順で着地）。

❷両足全体に重心をのせ、頭は立て、腰・股関節をゆるめる。

著者

中村 げんこう（なかむら げんこう）

中国武術家、中医学の専門家。
太極拳・太極剣の世界チャンピオン。
10代の頃より本場中国にて英才教育を受け、武術選手として世界で活躍。コーチとしてアスリートの育成に従事し、世界で獲得したメダルは200個を超え、指導者としての能力も発揮した。
また、一般社団法人国際伝統中医学協会の代表として活動し、6万人の臨床と3千人以上の中医学教育指導実績で中医学を広く普及。
現在、太極拳をわかりやすく楽しく解説した動画をYouTubeで配信中。太極拳オンラインでは「太極拳理論検定」や「オンライン動画講座」も手がける。

中村げんこう太極拳 YouTube チャンネル
https://www.youtube.com/c/NakamuraGenko

中村げんこうの太極拳オンライン（オンライン動画講座）
https://www.taikyokuken.online

中村げんこうブログ
https://www.nakamuragenko.com

簡化24式太極拳 完全マスター

2021年9月10日　第1刷発行
2024年3月10日　第2刷発行

著　者　中村 げんこう

発行者　吉田芳史

印刷所　図書印刷株式会社

製本所　図書印刷株式会社

発行所　株式会社 日本文芸社
〒100-0003 東京都千代田区一ツ橋1-1-1 パレスサイドビル8F
TEL 03-5224-6460（代表）
URL　https://www.nihonbungeisha.co.jp/

Printed in Japan 112210824-112240304 Ⓝ 02（210086）
ISBN978-4-537-21920-3

STAFF

動画編集／動画アートディレクション　DIAMOND Co.,Ltd.
装丁　haruharu
フォーマット協力　ごぼうデザイン事務所
撮影　石田健一
DTP 協力　株式会社公栄社
編集協力　Take One